하나뿐인 생명의 가치 있는
삶과 죽음

1판 2쇄 발행 2022년 11월 10일

글쓴이	오진원
그린이	신성희

펴낸이	이경민
펴낸곳	㈜동아엠앤비
출판등록	2014년 3월 28일(제25100-2014-000025호)
주소	(03737) 서울특별시 서대문구 충정로 35-17 인촌빌딩 1층
전화	(편집) 02-392-6901 (마케팅) 02-392-6900
팩스	02-392-6902
전자우편	damnb0401@naver.com
SNS	

ISBN 979-11-6363-421-8 (74100)
      979-11-6363-285-6 (세트)

※ 책 가격은 뒤표지에 있습니다.
※ 잘못된 책은 구입한 곳에서 바꿔 드립니다.
※ 이 책에 실린 사진은 위키피디아, 셔터스톡에서 제공받았습니다.
   사진 출처를 찾지 못한 일부 사진은 저작권자가 확인되는 대로 게재 허락을 받겠습니다.

KC마크는 이 제품이 공통안전기준에 적합하였음을 의미합니다.
사용 연령 : 8세 이상   제조자명 : ㈜동아엠앤비
*주의 : 책 모서리로 인한 찍힘에 주의하세요.

도서출판 뭉치는 ㈜동아엠앤비의 어린이 출판 브랜드로, 아이들의 지식을 단단하게 만들어 주고,
아이들의 창의력과 사고력을 키워 주어 우리 자녀들이 융합형 창의 사고뭉치로 성장할 수 있도록
좋은 책을 만들겠습니다.

펴내는 글

죽음이란 무엇일까요?
우리는 어떻게 살아야 하는 걸까요?

　죽음은 결코 가벼운 일이 아닙니다. 그래서 아이들에게는 죽음에 대해 아예 말하지 않는 게 낫다는 사람도 있습니다. 아이들은 앞으로 살아갈 날이 한창이고, 그렇다면 이 아이들에게 죽음은 먼 훗날에 있을 일일 테니까요.
　하지만 죽음과 관련한 냉정한 사실 중 하나는 죽음은 나이를 가리지 않는다는 것입니다. 보통은 나이가 들어 노인이 되면 죽지만 사고, 질병 등 다양한 이유로 이른 나이에 죽음을 맞는 경우도 적지 않습니다. 또 어린 나이에 아주 가까운 이들의 죽음을 경험하기도 하는데, 이때 받는 충격은 어른들보다 크기도 합니다.
　오래 살았든 뜻하지 않게 일찍 생을 마감했든 죽음이란 사랑하는 사람들과 헤어지고, 이 세상의 모든 즐겁고 행복한 일들을 다시 경험할 수 없는 일이기에 슬픈 '사건'입니다. 게다가 죽은 뒤의 세상에 대해서는 확실하게 알려진 바가 없어 사람들은 대부분 죽음을 두려워하고 최대한 오래 살고 싶어 합니다.
　하지만 죽음이나 죽음에 대한 생각은 삶을 더욱 알차고 행복하게 만들기도 합니다. 삶의 우선순위를 정해 주거든요. 거대한 인생의 문제인 죽음을 앞두고 시간이 얼마 남지 않은 상황에서는 나에게 중요한 사람이 누구인지, 중요한 일이 무엇인지, 무엇을 택하고 무엇을 버려야 할지 등 삶의 본질적인 고민들에 대한 답이 훨씬 쉬워집니다. 그리하여 삶을 더욱 알차게, 후회 없이 살 수 있다는 것, 이것이야말로 삶과 죽음의 역설이라 할 수 있습니다.

「뭉치 철학 토론왕」 시리즈는 아이들이 일상 속에서 맞닥뜨리게 되는 철학적 의문과 호기심을 파고들어 생각하는 힘을 키울 수 있도록 기획되었습니다. 교과서에서는 접하기 어려운 철학적 주제와 이야기를 통해 아이 스스로 질문을 던지고 답을 찾아봄으로써 논리적 사고력, 문제 해결력, 창의력을 키우는 것은 물론 세상을 올바르게 살아갈 수 있는 계기도 마련할 수 있을 것입니다.

독자 여러분도 환희처럼 죽음에 대해 여러 각도로 살펴보고 어떻게 살아야 할지, 어떻게 사는 게 좋을지 한번 깊이 생각해 보기 바랍니다.

편집부

펴내는 글 · 4

무슨 일이 생긴 걸까? · 8

 **1장** **할아버지의 죽음 · 11**

할아버지에게 무슨 일이?
환희의 기도

토론왕 되기 장기 기증, 한다 VS 안 한다?

 **2장** **죽음이 두려워지다 · 23**

죽음은 우리 생활 속에
나는 아직 어리다고요!

토론왕 되기 죽음에 대해 미리 생각할 필요가 있을까?

3장 **저승은 정의로울까? · 41**

천국과 지옥
염라대왕의 판결

토론왕 되기 저승에서 이승의 일들을 심판한다?

 **4장 삶은 소중해 · 57**

모든 일은 생각하기 나름
빛이 보이는 것 같아
`토론왕 되기` 남들보다 오래 살면 행복할까?

 **5장 살아 있지만 살아 있지 않은 것 같을 때도 있다 · 75**

말이 없는 친구
은둔형 외톨이라고?
`토론왕 되기` 꼭 인간 관계를 맺으며 살아야 할까?

 **6장 기억한다는 것 · 91**

할아버지의 사진
`토론왕 되기` 영혼이 있을까?

 **7장 삶과 죽음은 동전의 양면 · 103**

극과 극은 서로 통한다
`토론왕 되기` 파괴가 있어야 창조가 가능할까?

삶과 죽음에 관한 명언 · 117
어려운 용어를 파헤치자! · 118
신나는 토론을 위한 맞춤 가이드 · 119

💛 할아버지에게 무슨 일이?

"뭐야. 할아버지한테 무슨 일이 있다고? 아침에는 분명히 아무 일 없었는데……."

환희는 혼잣말을 하며 교실을 나섰다. 먼저 나간 엄마가 교문 앞에서 차에 시동을 켠 채 기다리고 있었다.

"엄마!"

엄마의 표정이 심각했다. 뭔가 심상치 않은 일이 있는 게 틀림없었다. 무슨 일인지 궁금하기도 하고 불안하기도 했다. 하지만 물어볼 엄두가 나지 않았다.

"일단 차에 타. 가면서 얘기해 줄게."

엄마는 환희가 안전벨트를 매자마자 바로 출발했다.

아무 말이라도 좀 해 주면 좋으련만 엄마는 입을 굳게 다물고 있었다. 환희는 숨이 막힐 것 같았다. 눈치만 보던 환희가 참지 못하고 말을 꺼내려는 순간 엄마가 먼저 입을 열었다.

"할아버지가 목욕탕에서 넘어지셨어."

"뭐? 난 또 엄청 큰일이라도 난 줄 알았네."

환희는 이제야 긴장이 좀 풀렸다.

"그런데 언제? 어쩌다가? 얼마나 다치셨어?"

엄마는 한숨을 한 번 내쉬더니 빠르게 말을 이었다.

"아침에 너 학교 가고 바로. 넘어지면서 세면대에 머리를 크게 부딪치셨어. '쿵' 소리가 나서 가 보니 쓰러져 계시더라고. 119에 전화해서 병원으로 모시긴 했는데……. 아무래도 상황이 좋지 않은 것 같아. 고모랑 삼촌은 지금쯤 도착했겠다."

"상황이 안 좋다는 건 무슨 뜻이야? 고모랑 삼촌까지 온다고?"

환희는 머릿속이 혼란스러웠다.

"혹시 할아버지가 돌아가실지도 모른다는 뜻이야? 아니, 엄마. 넘어져서 머리 좀 부딪쳤다고 어떻게 죽을 수가 있어? 나도 목욕탕에서 넘어져 욕조에 머리를 박은 적이 있지만 이렇게 멀쩡하잖아."

환희는 엄마에게 따지기라도 하듯 속사포처럼 말을 내뱉었다. 말끝에는 울음이 자꾸 묻어났다.

신호등이 빨간 불로 바뀌자 엄마는 차를 세웠다. 그러고는 말 없이 환희의 손을 꼭 잡아 주었다. 마치 환희의 마음을 다 알고 있다는 듯이.

환희에게 할아버지는 엄마이자 아빠였고 친구였다. 맞벌이를 하는 엄마 아빠를 대신해 환희를 보살펴 주었다. 나이는 많지만 무척 건강해서 환희와 함께 공도 차고 달리기도 하고 자전거도

나이가 든다는 것

사랑하는 사람과 영원히 함께 살고 싶은 것은 모든 이의 소망일 거예요. 하지만 야속하게도 살아 있는 모든 것들은 나이가 들어가고, 결국에는 죽게 됩니다.
그래서일까요? 사람들은 나이가 들수록 나이의 흔적을 지우고 싶어 합니다. 물론 죽음을 담담하게 받아들이는 사람도 있지만 대다수는 그렇지 않아요. 그래서 열심히 얼굴에 팩을 바르고 운동을 하고, 젊어질 수 있다거나 건강에 좋다는 음식에 관심을 가져요. 죽는 건 나이 순서가 아니라지만 아무래도 죽음은 나이 든 사람들에게 더 와닿을 수밖에 없으니까요.
'기묘한 가족'이라는 영화가 있어요. 시골 마을에 좀비 하나가 나타나서 생기는 에피소드를 그린 영화예요. 이 좀비는 특이하게도 좀비 티가 별로 나지 않았어요. 마을 사람들이 좀비를 사람으로 여길 만큼이요. 그런데 어느 날, 한 할아버지가 좀비에게 물리고 난 뒤 뜻밖에도 젊어지는 일이 벌어지죠. 그 사실을 알게 된 마을 노인들은 너도나도 제 발로 좀비를 찾아가 물리고 갔어요. 다들 너무나 행복했어요. 하지만 이 행복은 오래가지 않았어요. 노인들은 결국 모두 좀비가 되었거든요.
두려워하면서도 스스로 좀비한테 가서 물어 달라며 팔을 내미는 노인들. 이 모습은 어쩌면 젊어지길 바라는 보통 사람들의 소망을 보여 주는 것일지도 몰라요. 그나저나 좀비가 된 사람들은 과연 살아 있는 걸까요, 죽은 걸까요?

함께 탔다. 친구들이 "너희 할아버지 정말 짱이다!"라며 엄지손가락을 치켜세울 정도였다.

환희는 고개를 세차게 가로저었다. 그렇게 건강하던 할아버지가 돌아가실지도 모른다는 게 도무지 믿기지 않았다.

차가 병원에 도착했다. 환희는 엄마를 따라 할아버지가 계신 병실로 급히 달려갔다.

병실 밖으로 울음소리가 새어 나왔다. 병실 안으로 들어가니 아빠랑 고모, 삼촌이 고개를 숙인 채 흐느끼며 서 있었다.

"할아버지, 할아버지 괜찮아요? 할아버지. 대답 좀 해 봐요. 저 환희예요!"

환희가 할아버지의 몸을 흔들며 소리쳤다.

아빠가 환희의 어깨에 손을 얹으며 말했다.

"조금 전에 돌아가셨어. 돌아가시기 전까지 계속 너를 찾으셨는데……."

"뭐? 돌아가셨다고? 말도 안 돼. 할아버지, 눈 좀 떠 봐요!"

환희는 울음을 터뜨렸고, 결국 정신을 잃고 말았다.

1장 할아버지의 죽음

🧡 환희의 기도

며칠 만에 집으로 돌아온 환희는 할아버지 방으로 들어갔다. 방 안에는 할아버지의 물건만 덩그러니 놓여 있을 뿐이었다. 기분이 이상했다. 장례를 치르는 동안에도 실감이 나지 않았지만 집에 돌아와서도 여전히 할아버지가 돌아가셨다는 사실이 믿기지 않았다.

"할아버지······."

환희는 할아버지 방에 놓여 있는 사진을 보며 나직이 할아버지를 불렀다. 하지만 대답은 없었다.

죽는다는 것은 누군가와 다시는 만나지 못할 이별을 하는 것이었다. 환희는 문득 두려워졌다. 할아버지처럼 언젠가는 엄마도, 아빠도, 친구도, 사랑하는 사람들도 모두 죽을 것이고, 그러면 다시는 만나지 못할 것이기 때문이었다.

환희는 무작정 기도를 하기 시작했다.

"하나님, 부처님, 신령님! 더 이상 제가 사랑하는 사람이 죽지 않게 해 주세요. 영원히 살 수 있게 해 주세요. 제발요!"

지금껏 교회에도 절에도 가 본 적 없었지만 환희는 간절하게 빌었다.

의학적으로 죽음을 판단하는 기준

의학적으로 죽음을 판단하는 기준은 크게 두 가지예요. 첫 번째는 임상적 죽음이에요. 호흡이 없고, 심장이 멈추고, 뇌의 활동이 중지된 상태이지요. 이 경우, 빠른 시간 내에 심폐 소생술과 적절한 조치를 한다면 다시 살아날 수도 있어요.

두 번째는 생물학적 죽음이에요. 임상적 죽음 상태에서 심폐 소생술을 하지 않거나 심폐 소생술을 해도 효과가 나타나지 않으면 죽음에 이르게 돼요.

오늘날처럼 의학이 발달하기 전에는 호흡과 심장 박동이 정지되면 죽은 것으로 판단했어요. 그래서 운이 좋게 다시 살아난 사람들, 그러니까 '죽었다 살아난 사람'의 이야기가 전설처럼 전해지기도 했지요.

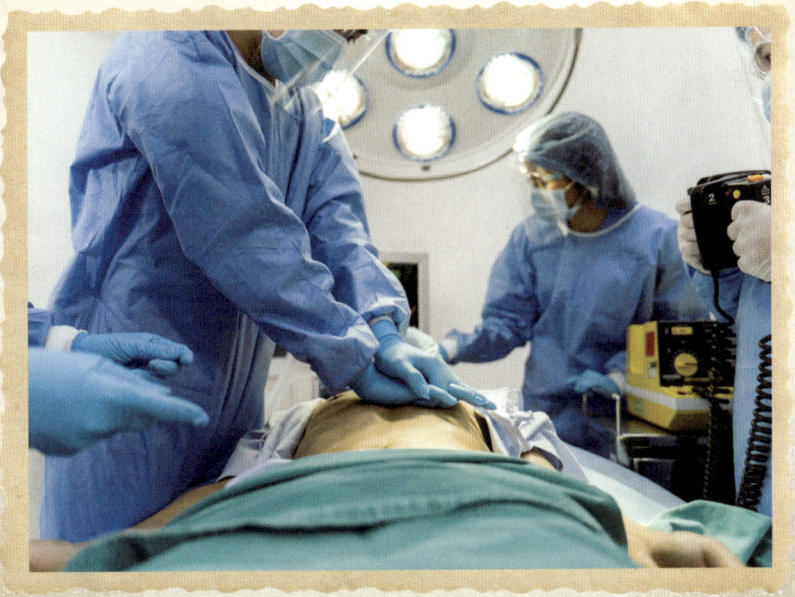

토론왕 되기

장기 기증, 한다 VS 안 한다

 뉴스 봤어? 뇌사 상태에 빠진 사람의 장기로 일곱 명이 새 생명을 얻었대. 한 사람이 일곱 사람을 살린 거야!

 좋은 일이기는 한데, 뇌사 상태에 빠진 사람이 그러겠다고 한 거래?

 아니, 생전에 장기 기증 의사를 밝힌 적이 없어서 가족들이 의논해서 결정했대.

 그럼 뇌사한 사람은 장기 기증을 원하지 않았을 수도 있다는 거네?

 그럴 수도 있지. 하지만 뇌사 상태에서 정상적으로 돌아갈 가능성은 많지 않으니까 나라면 기꺼이 하라고 했을 것 같은데?

 나는 아니야. 완전히 죽은 것도 아닌데 죽은 사람 취급하는 것도 싫고, 이 세상에 내가 없는데 다른 사람을 살리는 게 무슨 의미인가 싶어. 죽었다고 해도 내 몸을 훼손하는 것도 싫어.

뇌사라는 게 인공호흡기로 호흡은 하지만 뇌 기능이 회복되지도 않고 결국 심장이 정지해서 죽게 되는 거니까, 나는 그 전에 다른 사람이라도 살리고 싶어.

내가 누워 있는 동안 뇌사자를 정상으로 돌아오게 할 기술이 개발될 수도 있잖아!

하지만 그건 먼 미래 이야기가 아닐까? 나는 지금 당장이라도 혹시 우리 가족 중에 간이나 신장 이식이 필요하다고 하면 할 생각이 있어.

가족이라면 그럴 수도 있겠다. 물론 그것도 두려운 건 사실이지만, 가족이니까 가능할 것도 같아.

나도 토론왕

장기 기증은 본인이 살아생전에 직접 신청을 하거나 의식이 없어 스스로 판단하지 못하는 경우 가족들이 결정을 하기도 해요. 다른 사람에게 도움이 되고 싶어서 이 제도를 이용하는 사람도 많지만 시신 훼손에 대한 거부감이나 장기 기증에 대한 두려움, 주변의 반대로 원하지 않는 사람도 많아요.

교통사고, 뇌출혈 등 여러 이유로 호흡은 하지만 뇌는 회복 불가능한 손상을 입는 경우가 종종 있어요. 다음 문제를 풀어 보세요.

1 인공호흡기가 있어야만 호흡이 가능하고 뇌 기능이 회복 불가능한 상태를 뭐라고 하나요?

① 뇌동맥   ② 뇌사   ③ 뇌출혈

2 뇌 기능이 완전히 멈춘 사람의 장기를 다른 사람에게 주는 것을 무엇이라고 하나요?

① 장기 기부   ② 장기 공유   ③ 장기 기증

정답과 해설
1. ② 뇌사 2. ③ 장기 기증

💛 죽음은 우리 생활 속에

"어린이집 통학 버스 사고로 버스에 타고 있던 아이 세 명이 목숨을 잃었습니다."

텔레비전 뉴스 앵커가 안타까운 소식을 전하고 있었다. 저녁 식사 후 과일을 먹던 환희의 귀가 번쩍 뜨였다. 엄마 아빠가 쯧쯧 혀를 찼다.

"아이고, 저 일을 어떻게 해? 어린이집 통학 버스 사고가 끊이질 않네."

환희는 텔레비전 앞에 앉았다. 가슴이 답답했다. 어린이집 통학 버스 사고는 종종 있었다. 그때마다 안타깝다고 생각하기는 했지만 요즘처럼 마음이 저릿하거나 현실로 다가오지는 않았다.

"환희! 환희야, 뭐 해?"

엄마가 환희 눈앞에 손을 흔들며 물었다.

환희는 그제야 정신이 들었다.

"응……? 어…….."

그사이 뉴스는 다음 소식을 전하고 있었다. 엄마 아빠도 다시 아무 일 없었다는 듯 과일을 먹으며 텔레비전을 봤다.

참 이상했다. 할아버지가 돌아가시고 난 뒤부터는 눈과 귀가

죽음이 두려운 까닭은 무엇일까요?

죽음을 두려워하지 않는 사람은 없을 거예요. 사랑하는 사람과 이별하는 슬픔에 더해 죽은 뒤의 세계에 대한 막연함이 원인인 경우가 많아요. 막연하다는 것은 잘 모른다는 뜻이기도 해요. 죽은 사람은 말이 없고, 죽은 사람의 이야기를 들을 수 있는 방법은 없으니까요. 결국 사람들은 저마다 상상하기 시작했어요.
"우리가 사는 세상처럼 죽은 사람들이 사는 세상이 있어서 생전의 모습과 똑같이 살아갈 거야."
"사람이 죽으면 그 영혼은 하늘로 올라가 별이 되는 거야."
"무덤이 완성되면 죽은 사람의 정신이 자기 몸을 찾으러 올 거야. 그러니까 정신이 몸을 찾아올 수 있게 잘 두어야 해. 미라로 만들어서 말이야."
"죽음이란 몸이 죽는 것일 뿐이야. 영혼은 안 죽어. 죽음이란 영혼이 그 전에 살던 몸을 떠나 다른 곳으로 옮겨 가는 것뿐이지."
그리고 죽음에 대한 저마다 다른 생각들은 각 지역의 문화가 됐고, 종교가 됐어요.
또 어떤 과학자들은 죽음은 물질에서 벗어나 에너지로 돌아가는 것이라고 말하기도 했어요.
과연 어느 것이 맞는 말일까요? 한 가지는 확실해요. 이를 확인할 수 있는 방법은 지금도 없다는 것이지요.
여러분의 생각은 어떤가요?

자꾸 '죽음'과 관련된 쪽으로 열리는 것 같았다. 뉴스를 볼 때도, 친구네 집 반려견이 죽었다는 소식에도, 하다못해 공원에 말라 죽은 나무에도 신경이 쓰였다.

할아버지의 죽음은 여전히 슬펐지만 할아버지 나이를 생각하면 그나마 어느 정도는 받아들일 수 있었다. 이 세상의 많은 것들을 누리고 경험하셨을 테니까. 하지만 주위에서 일어나는 죽음과 관련된 것들을 보고 들으면 '나도 언제든 죽을 수 있다.'는 생각에서 빠져나오기가 힘들었다.

환희는 문득문득 두려워지곤 했다. 그렇다고 누군가에게 이런 이야기를 하기는 어려웠다. 엄마 아빠한테 말하면 걱정만 살 테고, 친구 중에서는 죽음을 진지하게 생각하는 아이가 없었다. 당연했다. 할아버지가 돌아가시기 전에는 환희도 그랬으니까.

"아이고, 진시황의 마음을 알 것 같다!"

숙제를 하던 환희의 입에서 이런 말이 툭 튀어나왔다.

순간, 환희는 멈칫했다. 그리고 곧 피식 웃음이 나왔다. 자신이 생각해도 우스웠다. 숙제를 하다가 이런 말을 내뱉다니.

"맞다! 진시황이 불로초를 구하러 우리나라에도 사람을 보냈다고 했는데……. 먹으면 늙지 않고 영원히 살게 해 준다는 그 불로초."

내친김에 쉬어 간다고, 환희는 숙제를 잠시 뒤로 미루고 진시황이 보낸 사람들이 우리나라 어디어디에 왔었는지 찾아보기로 했다.

"제주, 함양, 남해, 거제, 통영…… 많이도 다녔네. 죽지 않겠다고 온갖 노력을 다했는데 불로초도 못 구하고 일찍 죽었잖아."

환희가 다시 숙제를 하려는데 엄마가 방문을 똑똑 두드렸다.

"아빠가 오늘 저녁에 외식하자고 하는데?"

"어디서?"

"중국집 어때?"

"중국집?"

환희 머릿속에 떠오르는 곳이 있었다.

"혹시 진시황?"

"맞아. 진시황. 그 집 요리 맛있잖아."

"중국음식은 좋지만 오늘은 그 집 가고 싶지 않은데……."

환희가 머뭇거리며 말했다.

맛도 맛이지만 진시황은 예약을 하지 않으면 헛걸음을 하기 일쑤였다. 고대 중국 진 나라의 최초 황제였던 진시황의 무덤 주변에 있는 병마용갱의 도용을 본떠 만든 모형 인테리어로도 유명했다. 진시황은 자신이 죽은 뒤 저승에서도 자신을 호위할 수 있도록 흙으로 병사들을 빚어서 도용을 만들었다고 했다. 도용의 모습은 진시황을 너끈히 호위할 만큼 늠름했다. 그래서 환희도 갈 때마다 그 도용들에 시선을 빼앗기고는 했다. 하지만 오늘은 아니었다.

엄마가 환희의 표정을 살피며 조심스레 이유를 물었다. 환희는 어깨를 으쓱하며 솔직하게 대답했다.

"좀 그래. 진시황 무덤에 들어가는 것 같아서."

"그렇구나……. 그럼 딴 데 갈까?"

"배달시켜 먹어도 되지 않아?"

"좋아. 아빠한테도 그렇게 전할게."

결국 저녁은 중국요리를 배달해서 먹었다. 진시황의 요리는 역시 맛있었다.

"얼마 만에 먹어 보는 깐쇼새우냐! 자주 보자, 깐쇼새우야!"

깐쇼새우는 오늘따라 유난히 더 맛이 좋았다. 엄마가 말했다.

"그렇게 맛있니? 갓 나온 요리 먹으면 더 맛있는데. 다음에는 가서 먹자!"

"좋아. 다음에는."

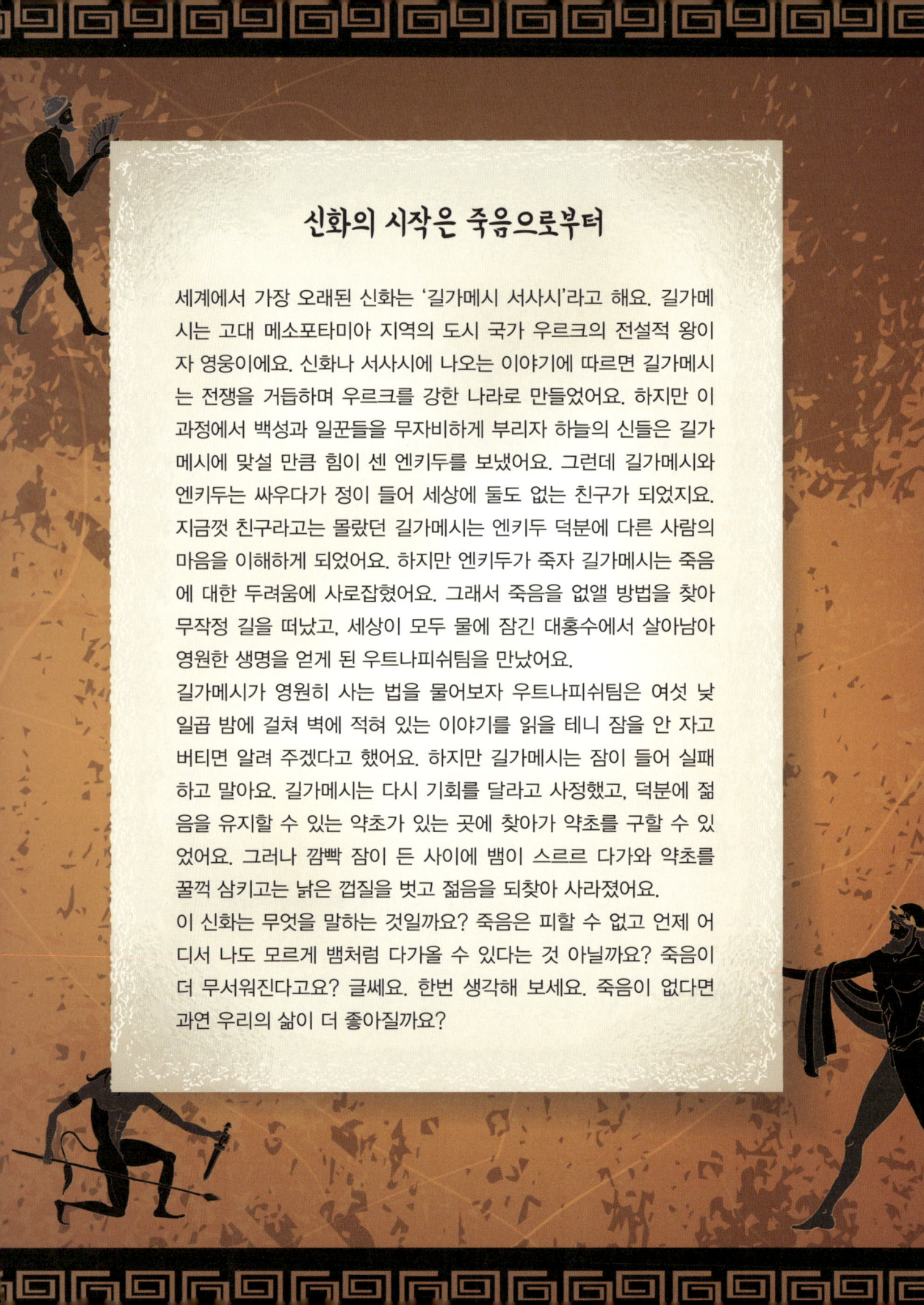

신화의 시작은 죽음으로부터

세계에서 가장 오래된 신화는 '길가메시 서사시'라고 해요. 길가메시는 고대 메소포타미아 지역의 도시 국가 우르크의 전설적 왕이자 영웅이에요. 신화나 서사시에 나오는 이야기에 따르면 길가메시는 전쟁을 거듭하며 우르크를 강한 나라로 만들었어요. 하지만 이 과정에서 백성과 일꾼들을 무자비하게 부리자 하늘의 신들은 길가메시에 맞설 만큼 힘이 센 엔키두를 보냈어요. 그런데 길가메시와 엔키두는 싸우다가 정이 들어 세상에 둘도 없는 친구가 되었지요. 지금껏 친구라고는 몰랐던 길가메시는 엔키두 덕분에 다른 사람의 마음을 이해하게 되었어요. 하지만 엔키두가 죽자 길가메시는 죽음에 대한 두려움에 사로잡혔어요. 그래서 죽음을 없앨 방법을 찾아 무작정 길을 떠났고, 세상이 모두 물에 잠긴 대홍수에서 살아남아 영원한 생명을 얻게 된 우트나피쉬팀을 만났어요.

길가메시가 영원히 사는 법을 물어보자 우트나피쉬팀은 여섯 낮 일곱 밤에 걸쳐 벽에 적혀 있는 이야기를 읽을 테니 잠을 안 자고 버티면 알려 주겠다고 했어요. 하지만 길가메시는 잠이 들어 실패하고 말아요. 길가메시는 다시 기회를 달라고 사정했고, 덕분에 젊음을 유지할 수 있는 약초가 있는 곳에 찾아가 약초를 구할 수 있었어요. 그러나 깜빡 잠이 든 사이에 뱀이 스르르 다가와 약초를 꿀꺽 삼키고는 낡은 껍질을 벗고 젊음을 되찾아 사라졌어요.

이 신화는 무엇을 말하는 것일까요? 죽음은 피할 수 없고 언제 어디서 나도 모르게 뱀처럼 다가올 수 있다는 것 아닐까요? 죽음이 더 무서워진다고요? 글쎄요. 한번 생각해 보세요. 죽음이 없다면 과연 우리의 삶이 더 좋아질까요?

💛 나는 아직 어리다고요!

환희는 숙제를 마저 하려고 책상 앞에 앉았다. 하지만 기름진 음식을 잔뜩 먹어서인지 졸음이 몰려왔다.

"잠깐 눈 좀 붙이고 일어나서 해야겠다!"

환희는 침대로 가 누웠다. 얼마쯤 잤을까? 누군가 환희를 흔들어 깨웠다.

"그만 자고 일어나! 이제 가야지."

눈을 비비며 일어나 보니 낯선 사람이 눈앞에 서 있었다. 환희가 눈을 비비며 물었다.

"누구세요?"

"내가 누구인지 모르겠느냐?"

"네. 모르겠는데요?"

"허허. 나를 몰라보다니. 나는 저승사자다. 안타깝지만 넌 죽었어. 나랑 같이 저승으로 가야 해."

환희는 어안이 벙벙하고 온몸이 부들부들 떨렸다.

"네? 제가 죽었다고요?"

"다들 너처럼 그렇게 말해. 자기가 죽었다는 게 안 믿기나 봐."

"저는 아직 어려요. 왜 저처럼 어린아이를 저승에 데려가려고

하시는 거예요!"

"너도 알지 않느냐. 죽는 데는 순서가 없다는 것을. 나도 안타깝지만 까마귀 그 녀석 때문에……. 아무튼 너는 나랑 같이 가야겠다."

"까마귀?"

환희는 지난번에 읽었던 저승사자 강림도령 이야기가 떠올랐다. 강림도령은 '나이가 들면 차례차례 저승으로 오라.'는 내용이 담긴 염라대왕의 편지를 세상 사람들에게 전하는 일을 맡았다. 그런데 그 편지를 까마귀한테 맡겼고, 까마귀는 편지를 잃어버렸다. 결국 까마귀는 제멋대로 "아이 갈 때 어른 가십시오. 부모 갈 때 자식 가십시오. 자손 갈 때 부모 가십시오. 자식 갈 때 조상 가십시오. 조상 갈 때 자손 가십시오." 하고 지껄였고, 그 바람에 죽는 데 순서가 없어졌다고 했다.

환희는 저승사자를 향해 외쳤다.

"싫어요. 안 가요!"

한참을 그렇게 저승사자와 실랑이를 벌이다 정신을 차려 보니 침대 위였다. 꿈이었다. 요즘 들어 죽음을 자주 생각하고 죽음에 대해 두려워하다 보니 이런 꿈을 꾼 게 분명했다.

사람이 죽으면 어떻게 될까요?

죽음 뒤의 세상에 대해서는 알 수가 없기에 사람들은 상상할 수밖에 없었어요. 그리고 그 모습은 시대에 따라, 문화에 따라 아주 다양한 모습으로 나타났어요.

사람은 죽으면 땅속 깊은 곳, 지하 세계로 가지

그리스 사람들은 저승이 깊고 깊은 땅속에 있다고 생각했어요. 위에서 무언가를 떨어뜨리면 아흐레 밤낮을 떨어져야 닿을 만큼 깊은 땅속에요. 그리스 신화에 나오는 오르페우스는 아내인 에우리디케가 독사에게 물려 죽자 죽은 아내를 찾으러 땅속 깊은 곳에 있는 저승으로 가요.

사람이 죽으면 무덤이 완성된 후에 다시 자기 몸을 찾으러 오지

이집트 사람들은 몸이 죽어도 정신은 살아 있어서 나중에 죽은 사람이 자신의 몸을 찾으러 돌아온다고 생각했어요. 그래서 시신을 건조해 살아생전의 상태에 가까운 모습 즉 미라로 만들었어요.

죽은 뒤에도 살았을 때와 같은 모습으로 살지

고구려 사람들은 죽은 뒤의 세계가 살아생전의 모습과 다르지 않다고 생각했어요. 그래서 저승에서도 이승에서처럼 살 수 있도록 죽은 사람이 평소에 즐겨 쓰던 물건을 무덤에 넣거나 그 사람의 평소 생활과 밀접한 그림을 그려 넣었어요.

사람이 죽으면 영혼이 하늘로 올라가지

어떤 지역에서는 사람이 죽으면 화장을 해서 그 영혼이 불길과 함께 하늘로 올라가게 했고, 또 어떤 지역에서는 새가 죽은 사람의 시신을 물고 하늘로 올라가도록 독수리의 먹이로 두기도 했어요. 사람이 죽으면 영혼이 하늘로 올라간다고 생각했거든요. 이런 생각은 세계 공통으로 나타나요.

죽은 영혼에 대한 두려움이
만들어 낸 축제, 핼러윈

언제부터인가 우리나라에서도 10월 31일, 핼러윈 데이가 되면 유령이나 해골, 흡혈귀 같은 무시무시한 복장을 하고 사탕이나 초콜릿 등을 받으러 다니는 아이들을 쉽게 볼 수 있어요. 요즘엔 어른들도 이날을 즐기고는 해요.
핼러윈 축제는 고대 아일랜드 켈트족의 삼하인 축제에서 시작됐어요. 저승의 문이 열리는 이날, 수많은 영혼들이 이승으로 나오는데, 혹시 원한에 찬 나쁜 영혼들이 사람들을 공격할까 봐 사람들은 두려움에 떨었어요. 그래서 악마나 흡혈귀처럼 무서운 모습으로 변장하고 떡갈나무로 만든 거대한 화톳불에 소리 나는 물건을 하나씩 던져 넣었어요. 나쁜 영혼들이 놀라서 도망가길 바라면서요.
우리에게 익숙한 것은 미국의 핼러윈 데이 문화예요. 1840년대, 아일랜드를 덮친 긴 흉년 때문에 켈트족이 미국으로 옮겨 가면서 핼로윈은 미국을 대표하는 하나의 축제로 자리를 잡았어요.

토론왕 되기

죽음에 대해 미리 생각할 필요가 있을까?

할아버지가 돌아가신 이후로 죽음에 대해 부쩍 생각하게 돼. 나 같은 아이가 또 있겠지?

있을 거야. 하지만 나는 가까운 사람이 죽은 적이 없어서인지 죽음에 대해 생각한 적이 없어. 그런게 아니라도 나는 우울한 생각을 하는 게 싫어.

맞아. 죽음을 생각하면 좀 우울해지긴 하지. 진지해지기도 하고. 죽음 이후에 대해 아는 게 없으니 더 그런 것 같아.

생각해 봐야 답도 없는데, 생각을 뭐 하러 해?

언젠가는 나에게 일어날 일이니까.

내 의지대로 어떻게 할 수 있는 일이면 생각하는 게 의미가 있지만 죽음은 그렇지 않잖아. 언제 어떻게 죽고 싶다고 그렇게 할 수 있어?

 물론 그건 아니지만 최대한 내가 원하는 모습으로 죽음을 대비할 수는 있잖아. 나는 그것만으로도 충분하다고 생각해.

차라리 나는 그 시간 동안 즐거운 일을 하겠어. 내가 어떻게 할 수도 없는 일에 시간과 에너지를 쓰고 싶지 않아.

 죽음에 대해 생각하는 일이 시간과 에너지를 낭비하는 것은 아니야. 죽음을 떠올리면 주변 사람들에 대해, 이 세상에 대해 평소와는 좀 다르게 보게 되거든. 고맙고 소중한 마음도 생기고.

그런 게 왜 필요해? 그냥 고마운 사람에게 고마워하고, 좋은 일을 좋다고 느끼면 되잖아. 죽음을 꼭 떠올리지 않아도 될 것 같은데?

나도 토론왕

죽음이란 멀리 있으면서도 가까이 있다고 할 수 있어요. 우리 삶의 끝에 있는 것이 죽음이라는 점에서는 멀지만, 언제든 닥칠 수 있다는 점에서는 가까이 있어요. 그래서일까요? 흔히 죽음과 관련해서 '자신의 죽음을 기억하라.(메멘토 모리)'는 말과 '지금 이 순간을 즐겨라.(카르페 디엠)'라는 말을 함께 쓰곤 해요. 서로 다른 말 같지만 두 가지는 같은 의미이기도 해요. 자신이 언젠가 죽을 수 있는 존재라는 것을 기억한다면 현재의 삶을 소중하게 여기고 즐기며 살아갈 수 있을 테니까요.

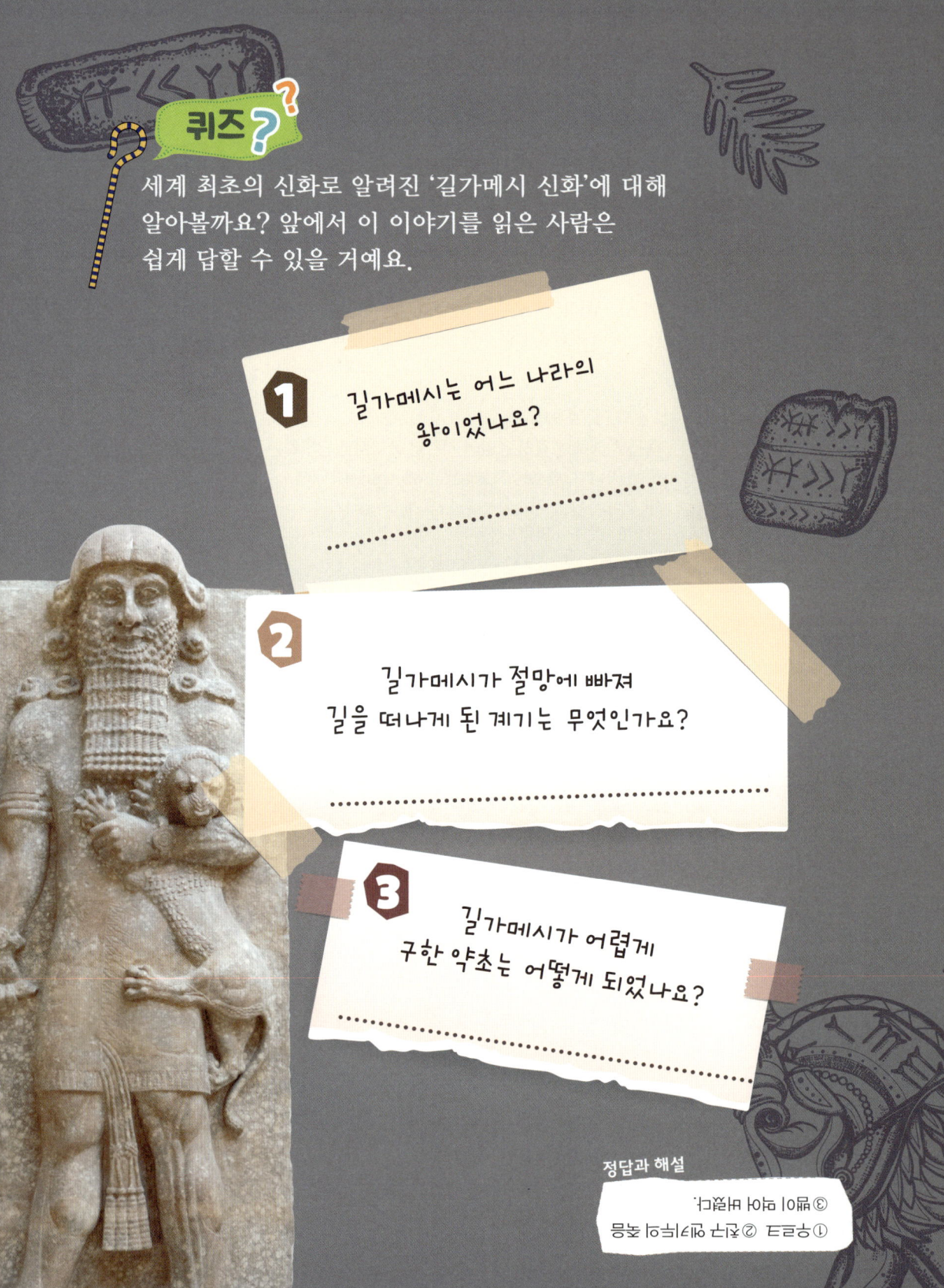

퀴즈?

세계 최초의 신화로 알려진 '길가메시 신화'에 대해 알아볼까요? 앞에서 이 이야기를 읽은 사람은 쉽게 답할 수 있을 거예요.

1 길가메시는 어느 나라의 왕이었나요?

2 길가메시가 절망에 빠져 길을 떠나게 된 계기는 무엇인가요?

3 길가메시가 어렵게 구한 약초는 어떻게 되었나요?

정답과 해설

① 우루크 ② 친구 엔키두의 죽음 ③ 뱀이 먹어 버렸다.

💛 천국과 지옥

오랜만에 엄마랑 외출을 하고 집으로 돌아가던 길이었다. 어디선가 갑자기 큰 소리가 들려왔다.

"예수 천국! 불신 지옥!"

어떤 사람이 십자가를 멘 채 확성기를 들고 큰소리로 외치고 있었다.

"엄마, 저게 무슨 말이야?"

환희가 고개를 갸우뚱하며 물었다.

"말 그대로 예수를 믿으면 천국에 가고, 안 믿으면 지옥에 간다는 뜻이지."

"뭐? 그럼 교회에 안 다니는 사람들은 다 지옥에 가?"

"글쎄. 그냥 저 사람 생각 아닐까? 저 말이 사실이라면 할아버지도 지옥에 가셨을 텐데. 엄마랑 너도 지옥에 갈 거고. 우리나라에 기독교가 들어오기 전에 살았던 사람들도 다 지옥에 갔겠다."

엄마가 웃으며 말했다.

환희는 불안했던 마음이 좀 풀렸다. 교회에 안 다닌다고 지옥에 간다는 건 역시 말이 안 된다 싶었다.

집에 돌아온 환희는 그대로 소파에 쓰러졌다.

"아이고, 힘들어! 엄마, 나 건들지 마!"

엄마는 어이없다는 표정으로 환희를 쓱 쳐다보고는 말했다.

"오래간만에 버스에 전철까지 타고 돌아다녀서 피곤한 건 알겠는데, 그래도 너보다 나이 먹은 엄마가 더 피곤하지 않을까? 너도 이제 운동 좀 해야겠다."

하지만 엄마 말은 귀에 들어오지도 않았다. 환희는 그대로 잠에 빠져들었다.

눈을 떴을 땐 밤 12시가 지난 시간이었다. 엄마 아빠는 방에 들어갔는지 보이지 않았고, 거실엔 환희 혼자였다.

이렇게 자정이 넘은 시간까지 혼자 깨어 있는 건 처음이었다. 문득 '예수 천당! 불신 지옥!'을 외치던 사람이 떠올랐다.

"아니 왜 갑자기 그 사람 생각이 나는 거지? 예수를 믿는다고 천당에 가고 안 믿는다고 지옥에 가는 건 말도 안 되잖아. 천당과 지옥이 있다면 그 사람이 착하게 살다 죽었는지 못되게 살다 죽었는지가 기준이 돼야지 말이야."

환희는 방으로 들어가 책꽂이를 뒤지기 시작했다.

"음, 그 책이 어디 있더라……."

환희는 책꽂이에 이어 책상 옆에 쌓아 둔 책들을 뒤적이기 시작했다.

할아버지가 돌아가신 지 석 달째 접어들면서 할아버지 생각은 조금씩 줄어들고 있다. 때때로 찾아오는 죽음에 대한 두려움에도 조금씩 적응이 되어 갔다. 진시황도 죽었고, 길가메시도 죽었고, 모차르트도 죽었고, 스티브 잡스도 죽은 것을 보면 죽음을 피할 수 있는 방법은 없는 게 분명했다. 그렇다면 '죽음'이야말로 공평한 것이라는 생각이 들었다. 하지만 저승이 있다면 이승에서 착하게 산 사람은 천국으로 가고 나쁜 짓을 한 사람은 지옥에 가는 것에 대해서 완전히 확신이 가지 않았다.

"아, 찾았다!"

환희는 저승사자와 관련된 책 몇 권을 찾아냈다. 이미 예전에 본 책이지만 죽음에 대해서 생각하다 보니 한 번 더 읽어 보고 싶었다. 어쩌면 책에 답이 있을지도 모르니까. 환희는 먼저 저승 곳간에 관한 책을 펼쳤다.

🧡 염라대왕의 판결

옛날 어떤 마을에 아주 못된 사또가 살았는데, 어느 날 갑자기 죽어서 저승에 가게 되었다. 그런데 염라대왕이 살펴보니 아무리 봐도 사또는 지금 저승에 올 사람이 아니었다. 죽어야 할 사람이랑 사또가 이름이 같아서 저승사자가 잘못 데리고 온 것이었다. 사또가 당장 이승으로 보내 달라고 하자 염라대왕이 말했다.

"저승에서 이승으로 내려가려면 쌀 삼백 가마니를 내야 한다."

사또가 지금 당장 그만한 쌀이 어디 있겠느냐고 하니, 염라대왕 말이 저승에는 사람마다 다 자기 곳간이 있으니 그 곳간에서 삼백 가마니를 내면 된다고 했다. 하지만 사또의 저승 곳간에는 겨우 짚단 하나뿐이었다. 살면서 남에게 좋은 일을 할 때마다 저

승 곳간에 그만큼 재물이 쌓이는데, 사또가 남을 위해 한 일은 오로지 거지에게 짚단 하나를 던져 준 일밖에 없었기 때문이었다. 이대로라면 사또가 다시 이승으로 내려가는 건 불가능했다. 당황해하는 사또에게 저승사자가 말했다.

"네가 살던 마을에 덕진이라는 사람이 있다. 그 사람의 곳간에는 쌀이 가득 차 있으니 거기서 쌀 삼백 가마니를 빌려서 내거라. 그리고 이승에 돌아가면 그 사람을 찾아서 꼭 갚아야 한다. 알겠느냐?"

사또는 이렇게 쌀 삼백 가마니를 빌려 무사히 이승으로 내려왔다. 그리고 다음 날 바로 덕진이라는 사람을 찾아갔다.

덕진은 강가에 있는 주막집 딸이었다. 돈이 없는 사람한테는 밥도 주고, 재워 주기도 해서 온 마을에 칭찬이 자자했다. 사또가 저승에서의 사연을 말하고 쌀을 갚겠다고 하자 덕진은 쌀을 갚는 대신 강에 다리를 놓아서 사람들이 쉽게 강을 건너다닐 수 있도록 해 달라고 했다. 사또는 덕진의 말대로 다리를 놓았고, 사람들은 그 다리를 '덕진다리'라고 불렀다.

환희는 책을 덮었다. 이승에서 좋은 일을 해야 저승 곳간에 재물이 쌓인다……. 결국 이승에서 착하게 살면 저승에서 편하게 살 수 있다는 뜻이었다. 어릴 적 이 책을 읽고 한동안 착하게 살려고 애썼던 기억이 났다. 하지만 얼마 안 가서 도루묵이 되고 말았다. 저승사자에 관한 다른 책 때문이었다. 저승사자는 뇌물을 받고 데리고 갈 사람의 죽음을 눈감아 주기도 하고, 때로는 같은 이름을 가진 엉뚱한 사람을 대신 데리고 가기도 했다.

"세상에! 공정해야 할 저승사자가 뇌물을 받다니!"

환희는 한숨을 내쉬었다.

환희는 또 다른 책을 꺼내 들었다. 환희가 가장 좋아하는 책이었다. 이집트 피라미드와 미라에 대한 이야기는 볼 때마다 신비로웠다. 그런데 오늘은 그동안 별생각 없이 지나갔던 대목이 갑자기 눈에 들어왔다.

'이집트 사람들은 죽은 사람의 영혼이 지하 세계를 무사히 통과할 수 있도록 도와주는 안내서인 '사자의 서'라는 두루마리를 넣었다고 한다.'

"그런데 이게 너무 비싸서 가난한 사람은 사자의 서 일부만 사서 무덤에 넣었다고? 그럼 가난한 사람은 지하 세계를 통과하는 방법을 조금밖에 모르는 거잖아. 저승 가는 길에서부터 사람을 차별해서야 원……."

　환희는 맥이 탁 풀렸다. 우리나라도 그렇고, 이집트도 그렇고, 저승에 가는 길부터 이렇게 공정하지 않다면 아무래도 저승이 정의롭지 않을 것만 같았다.

죽은 자를 심판하는 신

죽음 뒤의 세계에 대해서 알지 못했던 사람들은 옛날부터 죽은 사람들이 머무는 세상, 즉 저승이 있다고 생각했어요. 어떤 경우는 죽어서도 이승에서의 삶이 그대로 이어진다고 생각했지만 그렇지 않은 경우도 있었어요. 저승의 세계를 천당과 지옥으로 구분하기도 했어요.

우리나라에서는 죽어서 저승에 가면 염라대왕의 심판을 받는다고 생각했어요. 저승 곳간 이야기에서도 염라대왕이 나오지요. 원래 염라대왕은 불교에서 죽은 사람들의 세계를 심판하는 열 명의 왕 가운데 다섯 번째 왕이에요.

불교에서는 죽은 사람은 일곱 명의 대왕에게 7일째마다 심판을 받는다고 해요. 그리고 다시 100일째 되는 날과 3년이 되는 날에 다시 세 명의 대왕에게 심판을 받아요.

고대 이집트에서는 오시리스가 죽은 자를 심판해요. 오시리스는 양팔 저울을 가지고 한 쪽에는 죽은 사람의 심장을 올려놓고, 다른 한쪽엔 진실의 깃털을 올려놓아요. 죄를 많이 지은 사람의 심장은 깃털보다 무거워서 한쪽으로 기울어지게 되는데, 그럼 옆에 서 있던 괴물 암미트가 심장을 먹어 치워 버린대요. 이렇게 되면 그 사람은 영원한 생명을 얻지 못하고 그 자리에서 사라지고 말아요.

저승 안내자

저승 안내자는 죽은 사람을 저승으로 안내하는 존재예요. 저승 안내자는 세계 어디에나 있어요.

저승사자

우리나라에서 전해 내려오는 저승사자는 하얀 얼굴에 검은 두루마기를 입고 검은 갓을 쓴 모습이에요. 하지만 때로는 군인의 모습을 하기도 해요. 보통 셋이 함께 움직여요.

리퍼

유럽에서 전해 내려오는 저승사자예요. 모자가 달린 길고 검은 옷을 입고, 거대한 낫을 들고 다니는 무시무시한 해골이에요. 14세기, 유럽에 흑사병이 돌았을 때 많은 사람들이 죽었는데 그 모습이 마치 거대한 낫으로 밀을 베어 내는 것 같았대요. 리퍼가 거대한 낫을 든 해골의 모습을 하게 된 것은 이 때문이래요.

저승의 개

개가 저승길을 안내한다는 이야기는 세계 곳곳에 있어요. 우리나라에도 하얀 개가 저승길을 안내해 준다는 이야기가 있어요. 아즈텍 신화에서는 죽은 사람이 저승에 무사히 도착하려면 주홍색 개의 도움이 필요해요. 저승 입구 앞으로는 커다란 강이 흐르고 있는데, 주홍색 개가 죽은 사람을 등에 태워 이 강을 건네줘요. 인도 신화에서 죽음의 심판관인 신 야마도 개와 늘 함께 다녀요. 저승을 지키는 개도 있어요. 그리스 신화에서는 머리가 셋 달린 케르베로스라는 개가, 북유럽 신화에서는 눈이 네 개에 가슴은 피투성이인 가름이라는 개가 저승 입구를 지키고 있어요.

카론

그리스 신화에서는 저승에 가려면 반드시 스틱스 강을 건너야 해요. 스틱스 강에 가면 뱃사공 카론이 있는데, 카론에게 뱃삯을 내야만 저승으로 가는 배를 탈 수 있대요. 저승길에도 노잣돈이 필요한 이유지요.

토론왕 되기

저승에서 이승의 일들을 심판한다?

 영화 '신과 함께' 봤어? 주인공인 소방관이 심판을 받는데, 정말 무서웠어. 이승에서 있었던 일을 왜 저승에서 심판한대?

이승에서 못했으니 저승에서라도 하는 거지.

 살아서 한 일을 왜 죽어서 심판을 받아. 이승의 일은 이승에서 끝내는 게 맞지 않아? 맺고 끊는 게 있어야지.

그러면 좋지. 하지만 잘못을 하고도 들키지 않거나 교묘하게 법을 빠져나가는 사람도 많잖아. 그러니까 그렇게 하는 거 아닐까?

 그럼 이승에서 이미 벌을 받은 사람은 어떡해? 죄를 뉘우친 사람은? 이 사람들도 다 다시 심판을 받아야 해?

그런 것들까지 감안해서 심판하겠지? 억울한 사람이 없도록 하려는 게 저승의 심판일 텐데.

억울한 사람 한을 풀어 주고 못된 사람 벌을 주는 건 좋은데 모든 사람을 용의자 취급하는 것 같아서 기분 나빠. 인권 침해 아니야?

심판이라는 게 꼭 벌을 주는 것만 의미하지는 않아. 상을 줄 수도 있어. 심판의 진짜 목적은 자신의 삶을 정리해 보게 하려는 것 같아.

그래도 그렇지 얼마나 떨리겠냐. 잘못을 안 했어도 선생님이 부르면 떨리는데, 염라대왕 앞이라면……. 생각하기도 싫어!

나도 토론왕

사람이 죽으면 저승에 가서 그동안 이승에서 살아온 것에 대해 심판을 받는다는 생각은 아주 오랜 옛날부터 전 세계에 퍼져 있었어요. 우리 신화 '대별왕 소별왕'에서 대별왕은 속임수를 써서 이승을 차지한 소별왕에게 이렇게 말해요. "네가 이승 법을 차지하면 세상엔 살인 역적이 많고 도둑이 많으리라. 나는 맑고 청량한 저승 법을 마련할 것이다." 비록 이승에서는 잘못된 일들이 많이 일어나더라도 저승에서는 모든 것들이 제자리를 찾기 바라는 사람들의 마음이 반영된 것이지요.

퀴즈?

사람이 죽어 이승에서 저승으로 갈 때면 안내자가 필요할지도 몰라요. 누구나 저승은 처음일 테니까요. 저승 안내자들에 대해 알아볼까요?

1. 저승으로 가는 스틱스 강에서 죽은 사람에게 뱃삯을 받고 강을 건네주는 뱃사공은 누구일까요?

2. 유럽의 저승사자가 거대한 낫을 들고 있는 것은 수많은 사람들이 한꺼번에 죽게 된 어떤 병에서 영향을 받았다고 해요. 이 병의 이름은 무엇일까요?

3. 그리스 신화 속 저승을 지키는, 머리가 셋 달린 개의 이름은 무엇일까요?

4. 진실의 깃털로 죽은 사람을 심판하는 왕은 누구인가요?

정답과 해설

① 카론 ② 오시리스 ③ 케르베로스 ④ 페스트

💛 모든 일은 생각하기 나름

"뭐 해?"

누군가 뒤에서 환희의 등을 툭 치며 물었다.

"어? 어어……."

멍하니 창밖을 내다보던 환희는 화들짝 놀라 뒤를 돌아봤다. 무수였다.

"환희 너 요즘 좀 변한 것 같다? 쉬는 시간만 되면 뭐 재밌는 놀잇거리 없나, 눈을 밝히고 돌아다니던 애가 요즘엔 쉬는 시간이 돼도 멍하니 앉아 있기만 하니 말이야."

"내가 그랬나?"

환희는 왠지 뜨끔했다. 할아버지가 돌아가신 뒤로 이런저런 생각을 하기도 하고, 예전에는 느끼지 못했던 감정에 빠지기도 했지만 다른 사람이 느낄 정도로 티가 날 거라고는 생각하지 못했다.

"너는 진짜 근심 걱정 같은 건 하나도 없니?"

환희가 물었다. 무수는 언제나 싱글벙글이었다. 걱정 근심이라고는 없는 듯했다. 친구들이 만날 '무수리'라고 놀려도 딱히 신경 쓰지 않았다. '무수'라는 이름이 한자로 근심 걱정이 없다는 뜻이라더니, 정말 이름이랑 딱 맞는 친구였.

무수는 어깨를 으쓱하며 말했다.

"글쎄, 모든 게 생각하기 나름이라는 게 이 형님 생각이다. 고민거리가 없을 수야 없지. 근데 아무리 고민해도 해결되지 않는 문제도 있거든."

"예를 들면?"

"오늘 내가 지각한 거 알지?"

"알지."

환희가 짧게 답했다.

"우리 선생님이 어떤 분이냐. 지각을 하면 눈물이 쏙 나도록 야단을 치는 분이잖아?"

"그건 사실이지."

환희가 고개를 끄덕였다.

"그래서 교실 들어오기 전에 엄청 고민했어. 몇 초 동안."

무수가 진지하게 말했다.

"몇 초?"

"응. 몇 초. 길게 고민한다고 뭐 크게 달라질 문제가 아니니까."

"그래서?"

"결심했지. 지각을 했으니 야단을 맞을 운명이 됐고, 그러니 교실로 들어가 야단을 맞기로."

"운명?"

"지각을 해서 선생님한테 혼날까 봐 교실에 안 들어간다면 어떻게 되겠어? 당장의 문제는 모면할 수 있겠지만 또 다른 문제가 계속 생길 수밖에 없잖아. 결국 받아들일 건 받아들여야 하는 거지. 이건 아무리 고민해 봐야 야단맞는 것 외에는 해결되지 않는 문제거든. 이럴 땐 야단맞을 운명을 받아들이는 거야. 그러고 나면 마음도 편해지지. 이 형님 좀 멋있지 않니?"

무수가 멋있는 척 폼을 잡으며 대답했다.

"애초에 지각을 하지 말았어야 하는 것 아닐까?"

환희가 무수를 툭 치며 말했다. 하지만 무수의 이야기는 정말 그럴 듯했다.

"그나저나 너 무수옹 이야기 들어 봤어? 내 이름이 바로 여기서 나왔지. 한번 들어 볼래?"

옛날에 아무런 근심 걱정이 없는 사람이 있었다. 하루는 임금이 소문을 듣고 어떻게 아무런 근심이 없는 사람이 있느냐며 그 사람을 보고 싶다고 했다. 그러자 다음 날 신하들이 그 노인을 데려왔다.
"노인은 정말로 아무런 근심 걱정이 없으시오?"
임금이 묻자 노인이 대답했다.
"그렇습니다. 가족들 모두 그럭저럭 건강하고 편하게 살고 있습니다. 그러니 바랄 게 더 뭐가 있겠습니까. 걱정할 것도 없고요. 오늘 하루 무사히 다치지 않고 지나가면 그걸로 족한 일이지요. 그래서 사람들은 모두 저에게 '아무 근심 없는 노인'이라는 뜻으로 '무수옹'이라 부릅니다."
임금은 노인에게 구슬 하나를 상으로 내리면서 말했다.
"다음에 다시 부를 터이니 오늘은 이만 가고 그때 반드시 이 구슬을 꼭 가져오시오."
노인은 집으로 돌아가려고 나룻배에 올라탔다. 그런데 배에 같이 탄 젊은 선비가 임금에게 받은 구슬을 보고 싶어 했다. 노인이

구슬을 꺼내 보여 주니 이번에는 한 번 만져 보길 청했다. 노인이 구슬을 건네주었다. 선비는 이리저리 살펴보다 그만 구슬을 강물에 빠뜨리고 말았다.

"아이고, 큰 죄를 지었습니다."

선비가 당황하며 말했다.

노인도 깜짝 놀랐지만, 이내 차분한 목소리로 말했다.

"이미 벌어진 일인데 어찌하겠소? 근심한다 해서 강물에 떨어진 구슬을 찾을 방법이 있는 것도 아니니, 이제 되었소."

노인은 집에 돌아와서도 평소와 다름없이 지냈다. 구슬 걱정을 하는 것은 오히려 가족들이었다.

그렇게 한 주가 지나고 어느 저녁이었다.

"아버지! 얼른 이리 와 보세요. 물고기 배 속에 구슬이 들어 있어요!"

시장에서 사 온 생선을 손질하던 아들이 소리를 질렀다.

"이건 임금님께서 주신 구슬이구나!"

노인이 떨리는 목소리로 말했다.

"강물에 떨어진 구슬을 물고기가 삼켰나 봐요!"

아들이 환하게 웃으며 말했다.

그리고 얼마 뒤, 노인은 다시 임금의 부름을 받았다.

임금이 구슬을 갖고 왔는지 묻자 노인은 구슬을 내어 보이며 그동안 있었던 일을 모두 말했다.

"실은 선비는 내가 보낸 사람이오. 그가 강물에 구슬을 빠뜨린 것도 내가 시킨 것이라오. 노인의 복은 역시 근심하지 않는 데서 오는가 보오. 강물에 빠뜨린 사람을 원망하고 구슬을 찾으려고 애를 써 봤자 헛된 일이지 않았겠소. 그런데 구슬이 저절로 돌아왔으니, 이것만큼 큰 복이 없을 거요."

임금이 껄껄껄 웃으며 말했다.

개똥밭에 뒹굴어도 이승이 낫다

'개똥밭에 뒹굴어도 이승이 낫다.'는 속담이 있어요. 여기도 개똥, 저기도 개똥, 사방에 개똥이 널린 이승이라도 저승보다 낫다는 뜻이에요. 오래 살기를 바라는 사람들의 마음이 스며 있는 말이에요. 우리 조상들은 자식이 오래 살기를 바라는 마음에 이름을 특이하게 짓기도 했어요. '김 수한무 거북이와 두루미 삼천갑자 동방삭'이라는 이름 들어 봤나요? 우리나라에 전해 오는 옛날이야기 속 아이의 이름이에요. 수한무(壽限無)는 목숨에 끝이 없다는 뜻이고, 거북이와 두루미는 천 년을 산다는 동물이고, 삼천갑자 동방삭은 삼천갑자(18만년)를 살았다고 알려진 사람이에요.

오래 살기를 바라는 마음은 같지만 겉으로 드러나는 방식이 완전히 다른 경우도 있어요. 문서 등에 남는 이름은 정성 들여 따로 짓고, 실제로는 흔하고 허름한 이름으로 부르는 거예요. 가장 잘 알려진 이름이 '개똥이'일 거예요. 옛날 사람들은 이름이 예쁘면 귀신이 샘을 내어 일찍 데려간다고 생각했거든요. 조선의 고종 임금도 어렸을 때는 개똥이라고 불렸어요.

🧡 빛이 보이는 것 같아

"어때? 대단하지?"

무수가 뿌듯한 표정으로 말했다.

환희가 엄지를 척 올리며 말했다.

"인정. 역시 너한테 딱 맞는 이름이야!"

"그렇지? 그런데 환희라는 이름은 무슨 뜻이야?"

"큰 기쁨이래. 기쁜 일이 많으라고 지은 이름이랬어."

무수와 한참 이야기를 하다 보니 환희도 기분이 좋아졌다.

띠리리리 리리리리리.

수업 시작을 알리는 종소리가 울렸다.

"이크, 수학 시간은 그렇게도 안 가더니 쉬는 시간은 눈 깜빡할 사이에 지나가네."

무수는 얼른 자기 자리로 돌아갔다.

'맞아. 할아버지가 돌아가신 뒤로 죽음이니 저승이니 하는 것에 너무 빠져 지낸 것 같아. 죽음이나 저승이나 지금으로서는 알 수도 없고 해결할 수도 없는 건데 말이야. 일단은 나도 무수처럼 살아 봐야겠어!'

환희는 긴 터널을 빠져나오고 있는 듯했다.

즐거울 때는 빠르게, 괴로울 때는 천천히 흐르는 시간

'신선놀음에 도낏자루 썩는 줄 모른다.'는 말이 있어요. 이는 상황에 따라 다르게 느껴지는 시간의 속도를 잘 보여 줘요. 이 말에 얽힌 이야기를 들어 보세요.

옛날에 한 나무꾼이 나무를 하러 산속 깊이 들어갔다가 우연히 동굴을 발견했어요. 나무꾼은 무엇엔가 홀리듯 동굴 안으로 들어갔어요. 동굴 안에는 바둑을 두는 백발노인 둘이 있었어요. 나무꾼은 그 옆에서 바둑 구경을 하느라 시간 가는 줄 몰랐어요. 그렇게 한참 구경을 하다 문득 정신을 차린 나무꾼은 집에 가려고 도끼를 집었어요. 그런데 도낏자루가 다 썩어 있지 뭐예요. 이상하기는 했지만 나무꾼은 일단 마을로 내려왔어요. 그러고는 다시 한 번 깜짝 놀랐어요. 마을 모습이 완전히 바뀌어 있는 거예요! 게다가 마을에는 아는 얼굴도 하나 보이지 않았어요.

나무꾼은 한 노인을 붙잡고 자기 이름을 말하며 인사를 했어요. 그리고 자기가 살던 곳의 모습을 설명한 뒤 그곳에 가려면 어떻게 해야 하느냐고 물었어요. 그러자 그 노인이 깜짝 놀라며 말했어요.

"그분은 제 증조부요. 나무하러 갔다 사라지셔서 나는 얼굴 한 번 못 뵈었소. 그런데 제 증조부 이름을 어찌 아는 것이요?"

"아, 나는 동굴 안에서 잠깐 바둑 구경을 했을 뿐인데, 밖에서는 이렇게 시간이 흘렀구나……."

나무꾼은 탄식했어요.

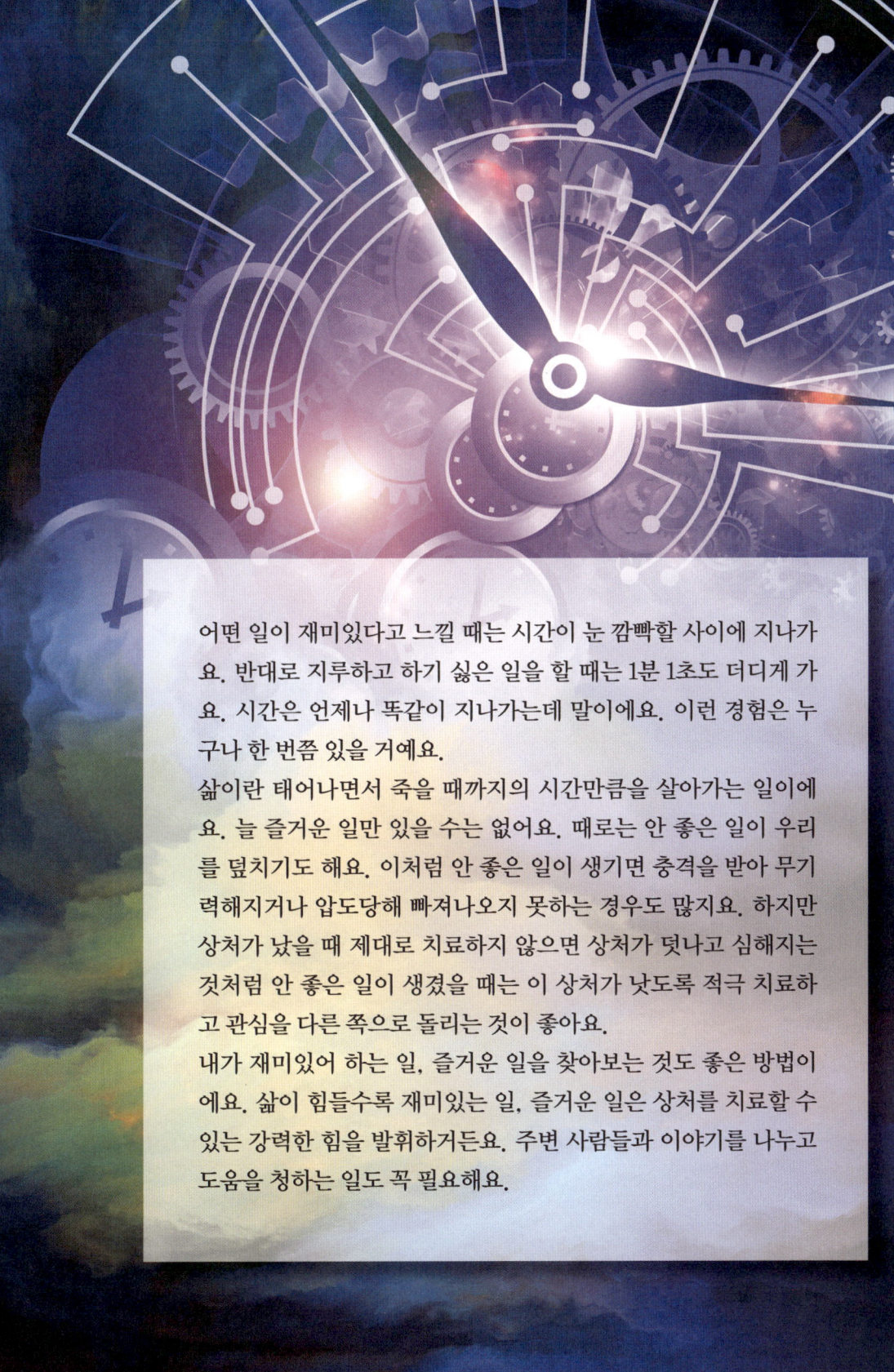

어떤 일이 재미있다고 느낄 때는 시간이 눈 깜빡할 사이에 지나가요. 반대로 지루하고 하기 싫은 일을 할 때는 1분 1초도 더디게 가요. 시간은 언제나 똑같이 지나가는데 말이에요. 이런 경험은 누구나 한 번쯤 있을 거예요.

삶이란 태어나면서 죽을 때까지의 시간만큼을 살아가는 일이에요. 늘 즐거운 일만 있을 수는 없어요. 때로는 안 좋은 일이 우리를 덮치기도 해요. 이처럼 안 좋은 일이 생기면 충격을 받아 무기력해지거나 압도당해 빠져나오지 못하는 경우도 많지요. 하지만 상처가 났을 때 제대로 치료하지 않으면 상처가 덧나고 심해지는 것처럼 안 좋은 일이 생겼을 때는 이 상처가 낫도록 적극 치료하고 관심을 다른 쪽으로 돌리는 것이 좋아요.

내가 재미있어 하는 일, 즐거운 일을 찾아보는 것도 좋은 방법이에요. 삶이 힘들수록 재미있는 일, 즐거운 일은 상처를 치료할 수 있는 강력한 힘을 발휘하거든요. 주변 사람들과 이야기를 나누고 도움을 청하는 일도 꼭 필요해요.

몇 살까지 살면 좋을까?

우리나라는 전 세계 나라 중 장수 국가에 속해요. 2017년 기준 우리나라 사람의 평균 기대 수명은 82.7년이에요. 여성이 85.7년, 남성이 79.7년이에요. OECD(경제협력개발기구) 국가 가운데 2위에 해당하지요.
우리나라 사람의 평균 수명은 급속하게 길어지고 있어요. 요즘엔 100세 인생이라 해서 100세까지 살 수 있다고 기대하는 사람들이 점점 늘어나고 있어요. '100세 인생'이란 노래가 나올 만큼 말이에요.

버킷 리스트

버킷 리스트는 죽음을 앞두고 살날이 얼마 남지 않은 사람들이 남은 생애 동안 하고 싶은 일들을 적은 목록이에요.
하지만 요즘은 건강한 사람들도 버킷 리스트를 작성하고 이를 실현해 나가는 경우가 많아요. 버킷 리스트를 작성하다 보면 어쩔 수 없이 죽음을 떠올려야 하고, 그러다 보면 자신이 정말로 원하는 것이 무엇인지 분명하게 알게 되거든요. 또 버킷 리스트를 하나하나 실현해 나가는 과정을 통해 삶을 더욱 알차게 채울 수도 있고요.
여러분의 버킷 리스트는 무엇인가요? 곰곰 생각하여 자신만의 버킷 리스트를 만들어 보세요.

유튜브 짝!

☑ **나만의 버킷 리스트를 만들어 볼까요?**

☐ ....

☐ ....

☐ ....

☐ ....

☐ ....

☐ ....

☐ ....

☐ ....

☐ ....

☐ ....

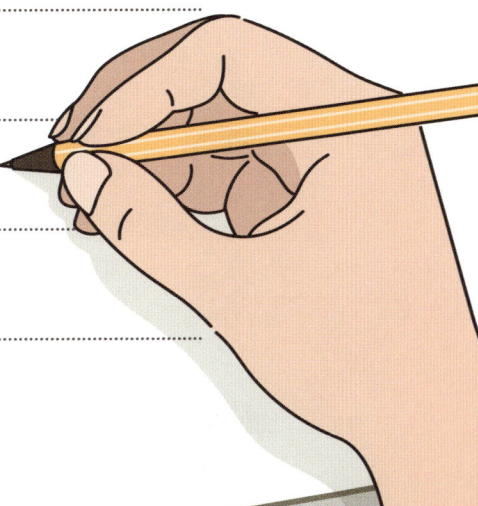

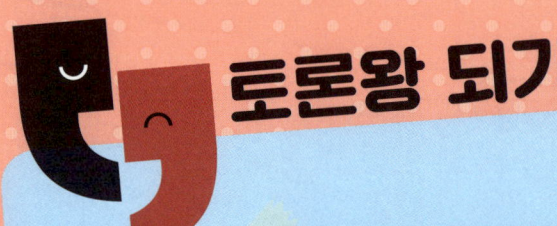

토론왕 되기

남들보다 오래 살면 행복할까?

나는 무조건, 최대한 오래 살고 싶어. 현재 세계 최고령자가 118세쯤이라고 하니, 세계 최고령자가 아니라도 우리가 어른이 되면 행복하게 120살까지는 너끈히 살 수 있지 않을까?

몇 살까지 사는가가 뭐가 중요해. 사는 동안 잘 사는 게 더 중요하지.

오래 살아야 하고 싶은 일을 더 많이 할 수 있잖아. 좋은 것도 더 많이 보고.

반대로 나쁜 일을 더 많이 겪어서 불행해질 수도 있잖아.

인생에 어떻게 행복한 일만 있겠어. 그건 불가능해. 하지만 오래 살면 행복한 일을 만들 기회가 많아지지 않을까?

좋은 생각이야. 하지만 만약 손을 쓸 수 없을 정도로 건강을 잃게 되면 어떻게 해?

냉동 인간이 되면 되지. 당장은 치료가 어려워도 의학 기술이 발전하면 건강을 되찾을 수 있으니까.

건강을 되찾기 위해 언제가 될지도 모르는 미래에 깨어난다? 나는 안 할래. 적응하기도 어렵고 아는 사람도 하나 없고.

 아는 사람이야 만들면 되고 적응은 어떻게든 하게 되지 않을까? 그때가 되면 냉동 인간이 현재에 적응하게 도와주는 기술도 있을 것 같은데?

기술이 모든 걸 해결해 줄 것 같지는 않아. 인간관계나 적응 과정에서 생기는 심리적인 문제는 결국 내 몫이 될 거야. 평생 혼란과 혼동 속에 살게 될지도 몰라.

 그래도 오래 살아야 이것저것 많이 보고, 새로운 것도 경험하고, 하고 싶은 일도 마음껏 할 수 있지 않겠어?

시험 기간 많이 남았다고 공부 많이 하는 건 아니잖아? 오래 산다고 모두가 많은 걸 경험하면서 행복하다고 느끼지는 않을 거야.

나도 토론왕

예전에는 만 60세만 되어도 오래 살았다고 환갑 잔치를 했어요. 하지만 요즘에는 노인에 끼지도 못할 정도로 사람들의 수명이 계속 늘어나고 있어요. 옛이야기에는 삼천 갑자(18만 년)를 사는 동방삭 이야기도 있고, 삼천 년을 살았다는 사만이 이야기도 있어요. 그런데 동방삭이나 사만이가 과연 행복했을까요? 두 사람이 오래 사는 동안 부모형제는 물론이고 친구들과 자식들도 모두 죽을 텐데요. 물론 새로운 친구들을 계속 사귀고, 또 다시 결혼을 해서 새로운 가족들과 지낼 수도 있을 거예요. 하지만 새로운 친구들이나 새로운 가족들도 또 먼저 죽음을 맞이할 테고, 동방삭이나 사만이는 끊임없이 이 일을 겪어 내야 하잖아요. 얼마나 오래 사는가 보다는 어떻게 사는지가 중요하지 않을까요?

속담에는 시대를 뛰어넘는 지혜와 통찰이 담겨 있어요. 속담과 옛날 사람들의 생각을 통해 오늘날 우리의 모습도 한번 생각해 보세요.

1 '신선놀음에 도낏자루 썩는 줄 모른다.'는 말은 어떤 뜻인가요?

2 '개똥밭에 뒹굴어도 이승이 낫다.'는 말은 어떤 뜻인가요?

3 옛날에는 '개똥이' 같은 이름으로 아이를 부르는 경우가 흔했어요. 왜 그랬을까요?

정답과 해설

① 재미난 일에 빠져서 시간 가는 줄 모를 때 쓰는 말. ② 아무리 힘들어도 죽는 것보다 살아 있는 게 낫다는 뜻. ③ 이름이 나쁘고 천해야 귀신이 잡아가지 않아 오래 산다고 여겼기 때문이다.

🧡 말이 없는 친구

쉬는 시간 종이 울리자마자 환희는 번개같이 후다닥 화장실로 달려갔다.

"휴, 살았다."

환희는 안도의 한숨을 내쉬었다.

아침에 목이 말라 물을 벌컥벌컥 마셔 댄 탓인지 수업 시간 내내 오줌이 마려운 걸 겨우 참고 있었다. 수업 중간에 선생님께 말씀드리고 화장실에 가고 싶은 마음이 굴뚝같았지만 그럴 수는 없었다. 5학년이나 되어서 수업 시간에 손을 들고 화장실에 가고 싶다고 말하는 건 자존심이 허락하지 않았다. 친구들의 놀림감이

될 게 뻔했다.

툭!

화장실에 갔다 돌아오던 환희가 통로 끝에 있던 책상에 부딪혔다. 그 바람에 책상 위에 있던 필통이 떨어졌다. 환희는 얼른 필통을 집어 책상에 올려놓았다. 친구와 눈이 마주쳤다.

"어, 미안해."

새로 전학 온 친구였다.

"괘…… 괜찮아."

친구는 잠깐 고개를 들어 환희를 쳐다보고는 다시 책상으로 고개를 돌렸다.

환희는 자기 자리에 앉으며 고개를 갸웃했다.

"쟤 이름이 뭐였더라? 아, 맞아. 소세민!"

세민이가 전학 온 지는 아직 한 달이 채 안 됐다. 게다가 딱히 제대로 이야기를 나눠 본 적이 없어서인지 이름이 금방 기억나지 않았다.

'무슨 책이지? 무지 두껍던데.'

환희는 세민이가 읽고 있는 책이 궁금했다. 환희도 책을 좋아하는 편이지만 그렇게 두꺼운 책은 읽어 본 적이 없었다.

환희는 세민이에게 자꾸 눈길이 갔다. 세민이는 쉬는 시간에도, 점심시간에도 책만 보고 있었다. 다른 친구들이랑 노는 모습도 이야기하는 모습도 볼 수가 없었다.

"어? 세민이네!"

학교에 가려 집에서 나와 골목을 돌아가는데 바로 앞에 세민이가 보였다. 환희는 빠르게 걸어가 세민이 어깨를 툭 치며 아는 체를 했다.

"너희 집 이쪽이야? 우리 집도 이쪽이야!"

"어……."

세민이는 왠지 당황하는 것 같았다.

"너 아까 읽던 책 제목이 뭐야? 엄청 두껍던데."

"응……. 『끝없는 이야기』."

"『끝없는 이야기』? 재미있어?"

"응……."

세민이는 뭐라 묻든지 대답이 짧았다. 그것도 눈은 마주치지도 않고 땅만 바라본 채였다. 환희는 세민이와 걷는 게 거북해졌다. 뭔가 핑곗거리를 찾아서 세민이를 벗어나고 싶었다. 다행히 저 앞쪽에 무수가 보였다.

"세민아, 나중에 보자. 먼저 갈게."

환희는 급하게 무수를 향해 달려갔다.

"어? 너 왜 이렇게 뛰어와?"

무수가 물었다.

"세민이랑 같이 오다가 얼마나 답답한지 도망 왔어!"

"세민이는 원래 말이 없나 봐. 처음 전학 왔을 때 친해지고 싶어서 일부러 내가 말을 걸어 봤는데, 그때도 말을 잘 안 하더라고. 그 뒤로 몇 번 더 시도하다가 포기했어."

"너한테도 그랬구나……."

"우리 엄마 아빠가 세민이 부모님과 아는 사이인데, 세민이가 먼저 학교에서 말도 별로 없고 친구들도 끼워 주지 않아서 왕따로 지냈던 거 같아. 그래서 학교도 잘 가지 않으려고 했나 봐. 좀 안쓰러운데, 쟤도 마음을 안 여니까 친해질 방법이 없네. 우리 학교에서는 잘 지내면 좋겠는데……."

"그렇구나. 그런 문제가 있었구나."

환희는 세민이가 왠지 안쓰러웠다.

💛 은둔형 외톨이라고?

"집에만 틀어박혀 사회 활동을 하지 않는 은둔형 외톨이가 사회적 문제로 대두되고 있습니다."

뉴스를 틀어 놓고 저녁을 먹고 있을 때였다. 환희는 자기도 모르게 뉴스에 귀를 기울였다.

"은둔형 외톨이?"

환희가 웅얼거렸다.

"저런……. 어떻게 집에서만 지낼까? 사람은 서로 어울려서 살아야지, 집에서 꼼짝도 않고 외톨이로만 지내면 살아도 사는 게 아닐 텐데 말이야."

엄마가 딱하다는 듯이 말했다.

환희는 문득 세민이 모습이 떠올랐다. 혹시 세민이도 저렇게 되면 어쩌나 싶어 불안해졌다.

그날 밤, 환희는 『끝없는 이야기』를 읽기 시작했다. 그동안 너무 두꺼워서 펼쳐 보지도 않던 책이었다. 하지만 세민이가 늘 그 책만 보는 데에는 이유가 있을 것 같았다.

책은 의외로 술술 잘 읽혔다. 외톨이 소년 바스티안이 『끝없는

은둔형 외톨이란?

사회와 단절한 채 사는 사람들을 은둔형 외톨이라고 해요. 잠깐 방 안에 틀어박혀 있다고 은둔형 외톨이라고 하지는 않아요. 은둔형 외톨이는 그 누구하고도 소통하지 않으면서 방 안에 틀어박힌 채 수개월 혹은 10년도 넘게 지내기도 해요.

은둔형 외톨이가 되는 가장 큰 이유는 사람들과의 관계 때문이에요. 친구들에게 왕따를 당하거나 사람들에게 큰 상처를 받아서 시작되는 경우가 많아요. 사람들과의 관계를 끊고 소통을 거부한 채 혼자 생각하고, 혼자 판단하고, 모든 것을 혼자 결정하다 보니 다른 사람에 대한 원망과 분노는 더 커지고 자존감은 더 떨어져서 우울증이 생기기도 해요.

이야기』라는 책을 우연히 읽게 되면서 자신이 원하는 건 뭐든지 이룰 수 있는 환상 세계로 빠져드는 내용이었다. 그 과정에서 바스티안은 현실의 자신을 부정하며 자아를 잃어버렸고, 현실로 되돌아가려 하지 않았다.

이야기가 흥미진진하기도 했지만 주인공 바스티안의 모습에 세민이의 모습이 자꾸만 겹쳐졌다. 바스티안이 환상 세계에 가서 새로운 힘을 얻을 때면 신이 났지만 현실 속 자신의 모습을 부정하며 현실로 돌아가려 하지 않을 때는 괜히 애가 탔다. 혹시나 세민이도 책만 보다가 그 속에 갇히거나 은둔형 외톨이가 되어 버리면 어쩌나 싶었다. 『끝없는 이야기』에서 바스티안이 친구들의 도움으로 현실로 돌아왔듯이 세민이에게도 도움의 손길이 필요할 것 같았다. 책을 덮으며 환희는 자기도 모르게 중얼거렸다.

"내가 세민이 이름을 불러 줘야겠어. 세민이가 혼자만의 세상에서 나와서 친구들과 어울릴 수 있도록 도와줘야 해."

사회적 죽음, 살아 있지만 죽은 것과 다름없는 삶

살아 있지만 마치 죽은 것과 다름없는 삶을 사는 사람들이 있어요. 사회에서 철저히 소외된 채 살아가는 사람들이지요. 사람이 사회적 동물이라는 점을 생각하면 이들의 삶은 살아도 산 것 같지 않을 거예요.

은둔형 외톨이의 삶도 비슷해요. 물론 그들은 스스로를 '방'이라는 감옥에 가뒀어요. 하지만 사람들과 지내는 것이 고통스럽지 않다면 스스로 자신을 그 좁은 공간에 가두고 싶은 사람은 없을 거예요.

일제에 당한 피해를 밝힐 수 없었던 위안부 할머니들

우리의 역사 속에서도 이런 경우를 발견할 수 있어요. 여러분이 잘 아는 위안부 할머니들이 바로 이런 경우예요. 위안부 할머니들은 일제에 강제로 끌려가 중국, 필리핀 등지에서 일본군의 성노예 생활을 해야만 했어요. 우리나라가 일본에서 독립을 한 뒤 고국으로 돌아오긴 했지만 이분들은 위안부였다는 사실이 드러날까 봐 가슴을 졸이며 불안하게 살았어요. 나라에 힘이 없는 탓에 강제로 끌려가 온갖 수모를 겪었지만, 마치 할머니 당신들의 잘못인 양 할머니들을 곱지 않게 보는 시선도 있었거든요.

1991년, 김학순 할머니가 위안부에 대해서 공개 증언을 하면서 위안부 문제는 사람들에게 널리 알려졌고, 위안부에 대한 인식도 조금씩 바뀌기 시작했어요. 이분들이 전쟁의 피해자였다는 것을 사람들도 알게 된 것이지요. 이후로 다른 피해자들도 세상 밖으로 나와 활동하기 시작했어요.

1991년 12월, 일본 도쿄지방법원에서 기자 회견 중인 김학순 할머니

집단 따돌림으로 외톨이가 된 사람들

사람은 '사회적 동물'이라고 해요. 혼자서는 살 수 없고 가족, 학교, 직장 등 공동체의 구성원으로 살아가야 된다는 뜻이지요. 공동체에 속한 사람들이 잘 살아가기 위해서는 서로서로 배려하고 존중해 주어야 해요. 하지만 어떤 공동체에서는 한 사람을 집단으로 따돌리고 고립시키는 일도 있어요.

집단 따돌림을 당한 사람은 자신이 혼자라는 생각에 주위에 도움을 요청하기가 힘들어요. 예전에는 학교에서 친구들 사이에 왕따가 문제시 됐지만 요즘엔 직장 혹은 군대 내에서도 집단 따돌림을 당해서 사회 생활의 어려움을 호소하는 사람들이 늘고 있다고 해요.

이분들처럼 살아 있어도 사는 것 같지 않은, 죽음 같은 삶을 사는 사람들은 또 있을 거예요. 살다 보면 자신의 바람과 달리 아프고 힘든 일이 나를 덮칠 수 있어요. 이때 손을 잡아 주는 사람도 없고, 의지할 데도 없다고 느끼면 누구나 좌절할 수밖에 없어요. 그리고 이런 일은 먼 데 있는 남의 일이 아니라 언제든지 나에게도 일어날 수 있는 일이에요. 문제가 있는 사람이 있다면 도움이 되는 말과 따뜻한 위로를 건네고 서로에게 힘이 될 수 있도록 노력해야 해요.

뜻하지 않은 재난으로 삶이 어려워진 사람들

전 세계 많은 사람들이 전쟁, 지진처럼 뜻하지 않은 사건과 자연 재해로 고통받는 삶을 살아요. 자신의 의지가 아닌 일로 힘들어 하는 사람들에게 우리는 어떤 도움을 줄 수 있을까요?

방사능 피폭자

1945년, 일본 히로시마와 나가사키에 원자 폭탄이 떨어졌어요. 수많은 사람이 죽고, 방사능에 피폭됐어요. 그 가운데는 일본에 끌려갔던 한국 사람들도 많았어요. 겨우 살아남은 사람들은 오랫동안 방사능 피폭 후유증으로 고통을 받았어요. 심지어 이들의 자녀들도 피폭 후유증을 물려받았지만, 이들 모두는 사회의 무관심과 냉대로 숨어 지내야만 했어요.

전쟁고아

전쟁이 나면 수많은 전쟁고아가 생겨요. 전쟁은 그 자체로도 참혹하지만, 부모를 잃은 어린아이들은 특히 더 힘든 삶을 살 수밖에 없어요. 아직 한창 보살핌을 받아야 할 나이임에도 보살펴 주는 사람이 없으니까요.

뜻밖의 사고

뜻밖의 사고로 하루아침에 모든 걸 잃어버리는 경우도 많아요. 불이 나거나 장마, 폭풍 등의 피해로 모든 재산을 통째로 날려 버리는 경우도 있고, 사고로 가족을 잃는 경우도 있지요. 이렇게 심적·물적 피해를 입으면 예전처럼 일상생활을 하기가 힘들어져요.

살던 땅에서 쫓겨난 난민들

중동의 시나이 반도에 위치한 팔레스타인의 사람들은 1948년에 일어난 중동 전쟁으로 살던 땅에서 쫓겨나 전 세계 각지로 흩어져야 했어요. 살 집도 없고 먹을 음식과 물조차 부족한 삶을 사는 이들은 다시 고향으로 돌아갈 수 있는 날을 기다리며 오랜 세월을 여기저기 흩어져 살고 있어요.

토론왕 되기

꼭 인간 관계를 맺으며 살아야 할까?

사람들과 교류하지 않고 사는 사람이 꽤 있나 봐. 인간은 사회적 존재라는데, 이 사람들이 세상 밖으로 나오도록 도와야 할 것 같아.

자신에게 좋지 않은 영향을 미치는 관계라면 단절하는 게 나을 수도 있어. 어떻게 살든 스스로 선택한 것이라면 존중해야 한다고 생각해.

스스로 선택한 것처럼 보일 수 있지만 강요된 선택일지도 몰라. 아무 일도 없었는데 자발적으로 외톨이가 되고 싶어 하는 사람이 있을까?

없을 거라고 생각하는 것도 선입견 같아. 다른 사람과 관계를 맺고 산다고 더 나은 삶을 살 수 있다고 어떻게 보장해?

인간에게는 사회적 욕구라는 게 있어. 사람은 생각, 감정, 애정을 나누고 주고받는 게 자연스러운 존재라는 거지. 자연스럽지 않은 상태에서 어떻게 건강하게 살 수 있겠어?

자연스럽다는 게 늘 좋은 것만은 아니야. 비가 오면 비를 맞는 게 자연스러운 거야? 그러다 감기에 걸릴 수도 있고 폐렴에 걸릴 수도 있어. 그래서 우산으로 비를 막는 거잖아. 인위적으로 우산과 사람 사이에 벽을 세우는 건데, 이게 나쁜 건가?

 물론 독이 되는 관계도 있겠지. 세상에 좋은 것만 있는 건 없으니까. 하지만 그런 관계를 통해서도 깨닫고 배울 수 있어. 아픈 만큼 성숙할 수도 있고.

싫은 걸 안 하고 피하는 게 정신 건강에 더 좋을 수 있어. 좋은 것보다 싫은 게 더 크면 그럴 거라고 생각해.

나도 토론왕

우리는 살면서 끊임없이 선택을 해야 해요. 산다는 건 선택의 연속이라고 할 수도 있어요. 후회 없이 잘 살기 위해서는 선택에 더욱 신중해야 해요. 하지만 어떻게 사는 것이 잘 사는 것일지는 저마다 생각이 달라요. 같은 상황에서도 다른 선택을 하게 되는 까닭이지요. 그리고 각각의 선택에는 자신의 책임이 따라요. 그러나 때로는 은둔형 외톨이처럼 어쩔 수 없는 선택을 하는 경우도 있어요. 이럴 땐 주위 사람들의 도움이 꼭 필요해요.

죽음 중에는 '사회적'인 죽음도 있어요. 살아 있지만 살아 있는 것 같지 않은 삶을 사는 경우를 말해요. 사회적인 죽음과 관련 있는 사람들을 알아볼까요?

1. 사람들의 접촉을 완전히 차단하고 사람들을 피해 혼자서만 생활하는 사람들을 무엇이라 부르나요?

2. 전쟁으로 부모님을 잃은 어린아이들을 부르는 말은 무엇인가요?

3. 일제에 강제로 끌려가 일본군의 성노예 생활을 했던 분들을 뭐라고 부를까요?

정답과 해설

① 은둔형 외톨이 ② 전쟁고아 ③ 위안부

💛 할아버지의 사진

"할아버지!"

환희는 자리에서 벌떡 일어났다. 꿈이었다. 너무 생생했다. 할아버지와 신나게 놀고 있었는데 할아버지가 갑자기 어디론가 휙 가는 것이었다. 환희가 할아버지를 부르며 달려갔지만 할아버지와의 거리는 점점 멀어졌다.

환희는 시계를 봤다. 새벽 6시. 일어나려면 아직 한참 남았을 시간이었다. 이렇게 자다가 잠에서 깨는 경우는 거의 없었다. 혹시 깬다 해도 바로 다시 잠이 들었다. 그런데 이렇게 일찍 깼는데도 이상하게 정신이 맑고 기분도 좋았다.

환희는 꿈을 떠올렸다. 어렸을 때 할아버지는 친구처럼 늘 함께 놀아 주셨다.

'어디서 봤던 곳인데……. 할아버지랑 같이 갔던 곳이었나?'

꿈속에서 할아버지와 함께 있던 장소가 익숙한 듯하면서도 생각이 나지 않았다.

'그러고 보니 꿈에서 할아버지를 만난 게 참 오랜만이네. 할아버지가 돌아가시고 난 뒤 한동안은 할아버지 꿈을 엄청 많이 꿨던 것 같은데…….'

할아버지를 영영 못 잊을 것 같았는데, 어찌된 일인지 요즘엔 할아버지 생각이 나지 않을 때가 많았다.

환희는 거실로 나갔다.

"벌써 일어났어? 웬일이야?"

엄마가 깜짝 놀라 물었다. 환희는 꿈 이야기를 했다.

"할아버지를 막 부르면서 쫓아갔는데, 꿈이 아니라 진짜로 내가 소리를 낸 거야. 얼마나 소리를 크게 냈는지 내 목소리에 내가 놀라서 잠이 깼다니까!"

"정말? 신기하네. 내일이 할아버지 기일이라서 그런 꿈을 꾼 건가 보다."

"기일?"

"응. 작년 이날 할아버지가 돌아가셨잖아."

엄마가 달력을 손으로 짚으며 말했다.

"그럼 기일에는 뭐 해? 생일에는 생일 파티라도 하는데……."

환희도 달력을 쓱 보며 말했다.

"원래는 상을 차려 놓고 제사를 지내지. 가족들이 다 모여서 말이야. 하지만 아빠랑 다 같이 상의를 했는데 그렇게는 안 하기로 했어."

"왜?"

"평일이라서. 돌아가신 분을 생각하며 음식을 만들어서 상에 올리는 건데, 평일이다 보니 제사상을 준비하기가 현실적으로 너무 어려워. 제사 음식을 사다 올리는 방법도 있긴 한데, 그렇게 하면 또 제사의 의미가 퇴색되는 것 같고."

"그럼 아무것도 안 해?"

"제사라는 것도 돌아가신 분을 추모하는 거니까 가까운 친척끼리 할아버지가 좋아하시던 식당에 가서 식사를 하려고 해. 할아버지를 떠올리면서."

환희는 고개를 끄덕였다.

"그러고 잠깐 집에 들러서 과일이랑 차만 마시고 헤어지려고."

환희는 잠깐 생각에 잠겼다. 할아버지를 위해 뭔가를 하고 싶었다. 선물처럼.

"엄마, 사람들이 각자 할아버지를 추억할 수 있는 걸 하나씩 가져와 할아버지 상을 차리면 어때요? 먹을 것도 좋고, 물건도 좋고, 편지도 좋고……."

"오호, 우리 환희 기특하네. 엄마는 그런 생각 미처 못 했는데."

엄마의 입꼬리가 위로 쓱 올라갔다. 환희가 엄마 마음에 드는 행동을 했을 때 나오는 표정이다.

"앗싸!"

환희는 학교에 가는 길에도, 학교에서도 하루 종일 기분이 좋았다. 할아버지 기일을 맞아 할아버지 상 위에 무엇을 올려놓으면 좋을지를 생각하다 보니 그동안 잊고 지냈던 할아버지와의 추억이 하나둘 떠올랐다.

그날 밤, 환희는 핸드폰의 갤러리를 열어 할아버지와 함께 찍었던 사진들을 하나하나 들여다보았다.

"사진을 찍었으면 뽑아야지. 그래야 언제든지 들춰 보고 추억이 되는 거지."

할아버지의 목소리가 들리는 것 같았다.

할아버지는 간혹 옛날 카메라 이야기를 하시곤 했다. 옛날에는 카메라에 필름이라는 것을 넣어서 찍었다고 했다. 필름 가격도, 또 필름을 종이에 인화하는 비용도 비싸서 사진은 특별한 날, 무언가 기념하는 의미에서 찍었다며 환희에게 사진을 잘 뽑아 놓으라고 했다. 하지만 그 시절에 대해서도 잘 모르고 필름 카메라라는 것을 아예 본 적이 없는 환희에게 할아버지의 말씀은 와닿지

가 않았다. 게다가 사진이 흔해서인지 예전에 찍었던 사진을 다시 찾아보는 일도 별로 없었다. 그래서인지 오랜만에 들여다본 사진들 가운데는 낯선 것이 많았다.

환희는 한 장 한 장 정성껏 다섯 장을 골라 프린터기로 사진을 뽑았다. 그리고 사진 아래 빈 공간에 할아버지에게 보내는 짧은 글을 썼다. 사진마다 할아버지에게 하고 싶은 말이 달랐다. 할아버지가 살아 계신 때로 돌아간 듯 환희는 기분이 좋았다.

제사의 의미

해마다 돌아오는 제삿날을 '기일'이라고 합니다. 제사는 죽은 사람의 넋을 위해 음식을 차리고 정성을 표하는 의식이에요. 설날과 추석 같은 명절에 조상에게 지내는 제사는 '차례'라고 하지요. 즉 제사는 살아 있는 사람들이 죽은 사람들을 초대해 대접하는 잔치인 셈이에요.
제사상을 차리는 방법은 꽤 복잡해요. 꼭 놓아야 하는 음식도 있고 음식을 놓는 위치도 정해져 있어요. 생선의 경우는 머리와 꼬리의 방향까지도요. 반대로 복숭아와 빨간 김치처럼 절대 올리지 않아야 하는 음식도 있지요. 복숭아는 귀신을 쫓는 성질이 있고 김치에 들어간 고추와 마늘은 귀신이 싫어하기 때문이에요. 그리고 제사상에 올리는 그릇은 '제기'라고 해서 일상생활에서는 사용하지 않는 특별한 그릇을 사용해요.
제사상을 차리는 방법은 지역이나 집안, 종교 등에 따라서 조금씩 다르지만 기본으로는 비슷해요.

기억한다는 것의 의미

멕시코에는 '죽은 자의 날'이란 특별한 날이 있어요. 일 년에 한 번 있는 이 날은 죽은 사람들이 가족과 친구들을 만나러 이승으로 찾아오는 날이라고 해요. 우리의 제사상처럼 제단에 음식을 차리고 죽은 사람들의 영혼이 잘 찾아올 수 있도록 길도 금잔화로 화려하게 꾸며요. 그리고 '죽은 자의 날' 당일에는 해골 분장을 하고 축제를 여는데, '칼라베라'라고 불리는 해골 모양의 초콜릿이나 사탕을 서로 주고받으면서 무덤에 가서 죽은 사람을 추억해요. 문화는 다르지만 죽은 사람을 기억하려는 마음은 같아요.

'코코'라는 영화는 죽음에 대해 이렇게 말하고 있어요. '이승에서 더 이상 기억해 주는 사람이 없을 때 비로소 완전한 죽음의 상태가 된다.'라고요. 몸은 죽었어도 다른 사람들의 기억 속에는 살아 있는 사람은 완전히 죽은 것이 아니며 사람들의 기억에서 완전히 사라지는 것이야말로 진짜 '죽음'이라는 것이지요.

몸은 죽었지만 많은 사람들의 기억 속에 살아 있는 사람들이 있어요. 세종대왕, 이순신 장군, 김구 선생……. 우리는 한글을 쓸 때면 세종대왕을, 거북선을 볼 때는 이순신 장군을, 일제강점기 시절 임시정부를 생각하면 김구 선생을 떠올려요. 사람들의 기억에 남아 있는 한 이들은 살아 있다고 할 수 있지 않을까요?

토론왕 되기

영혼이 있을까?

텔레비전에서 귀신 이야기 하는 거 봤어? 정말 무섭더라. 귀신이 진짜 있는 것 같아서 으스스 떨렸어.

귀신이 어디 있다고 무섭다고 그래? 귀신 이야기는 많아도 진짜 귀신을 봤다는 사람들은 못 봤어. 다 누군가에게 들었다고만 해. 난 귀신 안 믿어.

귀신이 있다는 증거가 있어. 어떤 가수가 뮤직 비디오를 촬영했는데 거기에 귀신이 찍혀 있었어. 촬영할 때는 아무도 없었는데 말이야. 사진이 조작된 것도 아니라고 했어.

신기루 현상일 거야. 사막에서 신기루 현상 때문에 실제로는 없는 마을이 눈에 보인다잖아. 그 사진도 빛의 굴절 현상 때문에 다른 곳에 있는 사람이 찍힌 것일 수 있어.

귀신 사진이 이거 한 장만 있는 게 아니야. 전 세계 그 많은 사진들이 다 신기루라고 할 수는 없지 않을까? 귀신이 없는데 귀신 사진이 나오고, 귀신 이야기가 나올 수가 있겠어?

예전엔 귀신 사진으로 알려졌지만 나중엔 귀신이 아닌 것으로 밝혀진 경우도 있어. 그 사진들 역시 결국엔 귀신이 아닌 것으로 밝혀질 거야. 또 이야기는 이야기일 뿐이야. 사람들의 상상이 만들어 낸 거지.

 특정한 장소에서 많은 사람들이 같은 귀신을 보는 경우도 많아. 자유로 귀신, 옥수동 귀신처럼 말이야. 귀신이 진짜 있는 게 아니라면 어떻게 이런 일이 일어나겠어?

무섭다고 생각하면 헛것이 보이곤 해. 나도 밤에 창문에 비치는 나무 그림자를 귀신으로 착각한 적이 있어. 알고 보니 나뭇가지가 바람에 흔들리는 모습이었어. 만약 그곳에 귀신이 있다는 소문을 들었다면 이런 현상은 더 많이 나타나겠지.

나도 토론왕

영혼이 있다는 확실한 증거는 없어요. 하지만 영혼이 없다는 확실한 증거 또한 없어요. 옛날 사람들은 죽으면 몸과 영혼이 분리되며 분리된 영혼은 다른 세계로 간다고 생각했어요. 흔히 우리가 말하는 저승이 바로 그곳이에요. 그리고 우리가 제사를 지내면 돌아가신 조상의 영혼이 와서 음식을 먹고 간다고 믿었지요. 그러나 요즘엔 영혼이나 저승이 없다고 생각하는 사람도 많아요.

사람은 누구나 죽어요. 남은 사람들은 죽은 사람을 함께 기억하기 위해서 제사 같은 걸 지내기도 하고요. 그럼 죽은 사람을 기억하는 것에 대해 알아볼까요?

1 우리나라에서 죽은 사람을 기리기 위해 음식을 차리고 제사를 지내는 날을 무엇이라고 하나요?

2 제사상에 복숭아를 올리면 안 되는 까닭은 무엇일까요?

3 멕시코에서는 이날을 죽은 사람들이 가족과 친구들을 만나러 이승으로 찾아오는 날로 여기고 축제처럼 즐깁니다. 영화 '코코'의 배경이 되기도 하는 이날은 무엇일까요?

정답과 해설
① 기일 ② 복숭아는 귀신을 쫓는 과일이어서 ③ 죽은 자의 날

7장

삶과 죽음은 동전의 양면

💛 극과 극은 서로 통한다

"휴, 다행이다. 겨우 지각은 면했어."

환희는 안도의 한숨을 내쉬며 교실로 들어갔다.

"야, 범상이 정말 웃기지 않니?"

"맞아. 맞아. 모든 일에 모범생인 범상이에게 저런 일이 생기니까 더 웃겨."

"완전 파괴왕이라니까!"

조심스럽게 문을 열고 들어간 게 민망할 정도로 교실 안은 시끌시끌했다.

"무슨 일이야?"

환희가 자리에 앉으며 물었다.

"범상이 안경다리가 또 부러졌어."

"정말?"

환희의 눈길이 자연스레 범상이 쪽으로 향했다. 범상이가 양손에 부러진 안경과 안경다리를 들고 난감해하는 모습이 눈에 들어왔다.

"풋!"

환희도 웃음이 나왔다.

참 이상했다. 범상이는 모범생에 장난을 잘 치는 아이도 아니었다. 그런데 범상이가 뭐만 하면 문제가 생기곤 했다. 얼마 전에는 범상이가 운동장 그네에 앉아 있었는데 갑자기 그네 발판이 뚝 떨어져 엉덩방아를 찧었다. 멀쩡하던 교실 청소함 손잡이도 범상이가 잡아당기는 순간 떨어져 나갔다. 또 똑딱이 단추가 달린 점퍼를 벗다가 똑딱이 단추가 날아가기도 했다. 하지만 이건 어디까지나 학교에서 있었던 일이었다. 집에서도 범상이가 손을 댈 때마다 사고가 나는 경우가 많다고 했다. 방문 손잡이도 몇 번이나 고쳤다가 지금은 고장 난 채로 놓아두었다고 했고, 컵을 하도 자주 깨뜨리는 바람에 플라스틱 컵만 사용한다고 했다.

"범상아, 기왕 파괴하는 거 목표를 정해서 파괴하는 힘을 길러

보면 어때?"

은유가 물었다.

"무슨 소리야?"

범상이가 은유를 보며 물었다. 하지만 범상이 목소리는 곧 아이들 목소리에 묻혔다.

"그렇네. 파괴왕의 힘을 제대로 써야지."

"맞아. 파괴왕의 힘을 더 길러서 건물 철거할 때도 한 방에 무너뜨리는 거지."

"정말 기발한 생각인데?"

아이들 목소리는 점점 더 높아졌다. 교실은 왁자지껄 시끌시끌해졌다.

드르륵.

문이 열리며 선생님이 들어오자 아이들은 허겁지겁 자리에 앉느라 정신이 없었다. 하지만 선생님의 매서운 눈초리를 피할 수는 없었다.

"수업 시작종이 쳤는데 뭐 하고 있어? 선생님이 좀 늦게 들어온다고 이렇게 떠들어도 돼?"

교실은 순식간에 조용해졌다.

"범상이 안경다리가 또 부러졌어요."

할 말은 못 참는 성격의 지민이가 말했다.

"응? 또?"

선생님이 범상이를 보며 물었다.

"오늘 수업할 때 괜찮겠어? 안경 이리 가져와 봐. 선생님이 테이프로 고정해 줄게."

선생님이 범상이 안경다리를 손보는 사이에 은유가 손을 들고는 말했다.

"선생님, 범상이는 파괴왕이잖아요. 그러니까 파괴왕답게 힘을 더 길러서 마음먹은 건 뭐든지 파괴할 수 있게 되면 좋겠어요. 건물을 철거할 때도 범상이가 한 번에 무너뜨리고요."

"그만해! 난 파괴왕이 아니라고!"

범상이가 외쳤다.

선생님은 범상이에게 안경을 가져다주며 아이들에게 말했다.

"범상이가 파괴왕이 되면 자기가 파괴하고 싶은 건 뭐든지 다 파괴할 수 있을 텐데, 너희 그래도 괜찮겠어? 혹시 범상이가 너희들이 마음에 안 든다고……."

"네? 선생님! 너무해요. 그게 무슨 말씀이세요?"

"맞아요. 그냥 웃자고 한 말이라고요."

아이들이 볼멘소리로 말했다.

선생님은 아이들을 둘러보며 의미심장한 미소를 지었다.

"그러니 듣는 사람이 기분 나쁠 수 있는 말은 안 해야지. 범상이가 일부러 망가뜨리고 싶어서 망가뜨리는 게 아니잖아. 범상이도 자기한테 자꾸 이런 일이 생겨서 속상할 텐데 말이야. 안 그러니, 범상아?"

범상이는 선생님 말씀에 말없이 고개를 끄덕였다.

"아무튼 파괴왕 이야기를 들으니까 인도 여행 갔을 때 봤던 시바가 떠오르네. 시바도 파괴의 신이거든."

"파괴의 신이라고요?"

아이들은 귀를 쫑긋하며 선생님 이야기에 빠져들었다.

"그리고 동시에 창조의 신이기도 하지."

"어떻게 파괴의 신이 창조의 신이 되기도 해요?"

"파괴가 없이는 창조가 있을 수 없으니까."

아이들은 알쏭달쏭한 표정이 되었다. 환희도 마찬가지였다. 파괴가 없이는 창조가 있을 수 없다고? 그게 무슨 말이지?

"파괴된다는 것은 곧 사라지는 걸 뜻해. 창조란 새로 만들어지는 거고. 사라지는 건 없는데, 계속 뭔가가 만들어지기만 한다면 어떨 것 같니?"

선생님 말에 아이들이 고개를 갸웃거렸다.

"사라지는 게 없이 새로운 게 만들어지면 좋은 것 아니에요?"

이번에도 지민이였다. 환희도 지민이와 같은 생각이었다.

선생님이 말했다.

"선생님 생각에는 세상이 창조로만 가득 차면 지옥이 될 것 같은데? 예를 들어 볼게. 이 교실을 세상이라고 해 볼까? 이 교실에 사라지는 것 없이 새것들이 계속 추가된다면 어떨 것 같아? 또 만약 사람이 죽지 않고 계속 태어나기만 한다고 상상해 봐. 어떻게 될까?"

"지구가 터져 나갈지도 몰라요!"

"맞아. 처음엔 좋을지 모르지. 하지만 세상은 유한해. 그러니까 파괴는 나쁜 것 같지만 실은 창조를 위해서 꼭 필요하단다."

환희는 알 듯 말 듯했다. 문득 환경 문제가 떠올랐다. 사람들이 계속 물건을 만들어 내서 환경 문제가 심각해진다는 말을 들은 적이 있기 때문이다. 그렇다면 썩는 비닐, 쉽게 분해되는 플라스틱 같은 걸 만든다면, 그건 파괴일까 창조일까? 환희는 머릿속이 복잡해졌다.

그때였다.

"아하, 그래서 우리 엄마가 스마트폰이 완전히 고장 나기 전에는 새 폰을 안 사 주겠다고 하는구나. 파괴 없이는 창조도 없다……. 역시 우리 엄마야! 그런데 요즘 스마트폰은 너무 튼튼해. 어흑흑……."

지민이의 말에 아이들은 다시 한 번 웃음보가 터졌다.

삶과 죽음은 동전의 양면

인도 신화에 나오는 시바는 파괴의 신인 동시에 창조의 신이에요. 파괴와 창조는 서로 떼려야 뗄 수 없는 관계라는 뜻이지요. 이처럼 서로 떼려야 뗄 수 없는 관계를 우리는 '동전의 양면과 같다.'고 말해요. 동전을 보세요. 앞면 없이 뒷면은 있을 수 없어요. 뒷면 없이 앞면도 있을 수 없고요. 동전의 앞과 뒤는 서로 함께 있어야만 존재할 수 있어요.

우리의 삶 또한 마찬가지예요. 생명이 있기에 죽음이 있어요. 즉 동전의 앞·뒷면처럼 삶과 죽음은 공존해요. 죽음이 없다면 우리는 삶의 소중함을 모를 수도 있어요. 우리는 죽음을 피할 수 없고 그렇다면 죽음 전의 삶, 살아 있는 시간을 알차게 보내는 것이 최선 아닐까요?

동전의 앞·뒷면처럼 떼려야 뗄 수 없는 건 또 있어요. 바로 행복과 불행이지요. 사람들은 모두 행복하게 살기를 바라지요. 불행이 닥치면 마치 세상이 다 끝난 것 같은 느낌이 들기도 해요. 행복한 순간, 세상을 다 가진 것 같던 느낌과는 정반대지요. 그런데 행복이든 불행이든 모두 멀리 있는 게 아니에요. 행복과 불행은 바로 우리 마음속에 있지요.

죽음을 신의 축복으로 여기는 사람들

아주 오랜 옛날, 사람들이 영원히 살 수 있던 때가 있었어요. 사람만 영원히 사는 게 아니었어요. 곡식도 영원히 살았지요. 곡식은 아무리 베어도 계속 자라났어요. 사람들은 아무런 걱정 없이 잘 살고 있었지요.

하지만 문제가 생겼어요. 영원히 살기는 해도 늙지 않는 건 아니었거든요. 시간이 흐르면서 천 살이 넘는 노인들이 즐비해졌어요. 후손들은 노인들이 햇볕을 잘 쬘 수 있게 조치해 주었지만, 노인들은 스스로 몸을 움직일 힘이 없어 꼼짝없이 한자리에만 누워 있을 수밖에 없었어요. 그러다 보니 햇빛을 받지 못한 노인들의 귀에서는 목이버섯이 자라났고, 크게 자라난 풀뿌리들이 노인들의 피부를 찔렀어요. 노인들은 너무나 고통스러웠지만 죽을 수가 없었기 때문에 그저 그 고통을 견디며 살 수밖에 없었어요.

어느 날이었어요. 사냥꾼이 늙은 원숭이 한 마리를 잡았어요. 사냥꾼은 원숭이의 주름진 피부, 빛을 잃은 눈동자, 무기력한 표정을 보자 마을의 노인들이 생각났어요. 그래서 차마 그 원숭이를 먹을 수가 없었어요. 사냥꾼은 원숭이의 장례식을 치러 주기로 했지요. 사람들은 원숭이 장례식에 참석해 슬피 울었어요. 그 울음소리는 하늘까지 닿았지요.

하늘의 신은 매와 메뚜기, 파리를 내려보내 그 까닭을 알아 오게 했어요. 파리가 그 까닭을 알아 왔어요. 사람들이 원숭이 장례식을 치르면서 슬피 우는 소리라는 것을요.

하늘의 신은 사냥꾼을 잡아들였어요. 그리고 왜 장례식을 치렀는지 물었어요. 사냥꾼은 원숭이 장례식을 치러 준 까닭을 설명했지요. 하늘의 신은 사냥꾼의 말에 귀를 기울였어요. 그리고 영원히 살아야 하는 사람들의 고통을 이해하게 됐어요

마침내 하늘의 신은 노인들의 죽음을 허락했어요. 물론 다른 생물들의 죽음도 허락했지요. 그리고 땅으로 내려가면 사람들에게 '앞으로 노인들은 죽을 수 있다.'는 말을 전하라고 했어요.

사냥꾼은 신이 나서 땅으로 내려왔어요. 그런데 그만 하늘의 신이 한 말을 잊어버리고 말았어요. 다시 하늘의 신을 찾아가 물었지만 신은 네가 기억나는 대로 하라며 다시 알려 주지 않았어요. 결국 사냥꾼은 "노인이든 젊은이든 사람은 누구나 죽어도 된다."고 말하고 말았지요. 그때부터 사람은 누구나 죽게 됐다고 해요.

중국의 소수민족 가운데 하나인 하니족 사람들에게 전해 내려오는 이야기예요. 노인이든 젊은이든 누구나 죽게 된 건 안타깝지만, 영원히 산다는 것이 정말 축복일까요? 어쩌면 영원히 사는 것이 저주이고 죽음이 축복 아닐까요? 여러분은 어떻게 생각하나요?

토론왕 되기

파괴가 있어야 창조가 가능할까?

선생님 말씀대로 파괴는 창조를 낳는 것 같아. 어제 그림이 잘 안 그려져서 한참이나 고치고 또 고쳤는데도 더 이상해지기만 해서 찢어 버리고 아예 새로 그렸어. 그러니까 오히려 잘 그려지더라고.

그럼 그림을 망치지 않고 연달아 두 장이나 그린 나는 뭐지? 파괴가 있어야만 창조가 일어나는 건 아니야. 창조는 파괴 없이도 얼마든지 일어나. 엄마 아빠 사이에서 내가 태어난 것도 파괴 없이 창조가 일어난 거잖아.

파괴와 창조가 늘 동시에 같은 공간에서 이루어지지 않을 수도 있지. 우리 가족 중에는 아니라도 죽음을 맞는 사람이 틀림없이 있을 거야.

그래도 총 인구가 계속 늘어나는 걸 보면 파괴 없이도 창조가 가능한 것 같아. 파괴와 창조가 동시에 일어난다면 인구가 늘어날 수 없잖아.

파괴와 창조가 반드시 사람이 태어나고 죽는 것하고만 연결된 건 아니야. 생명은 사람만 갖고 있는 게 아니니까. 인구수는 엄청나게 늘었지만 야생 동물들의 수는 엄청나게 줄었대.

대도시의 100년 전 사진만 봐도 건물들이 별로 없어. 그런데 지금은 건물들로 가득해. 물론 낡은 건물들은 없앴겠지만, 대부분은 그냥 새로 지은 거야.

 겉으로 보이는 건 그렇지. 그 새로운 건물들을 짓느라고 파괴된 것도 많아. 건축 자재로 쓰이는 나무를 한번 생각해 봐. 얼마나 많이 베어 냈겠어?

그럼 우리 몸을 생각해 볼까? 우리 몸은 계속 성장하잖아. 우리 몸이 이렇게 성장할 수 있는 건 우리 몸속의 세포가 점점 늘어나기 때문이야. 즉 우리 몸에서도 끊임없이 파괴 이상의 창조가 일어나고 있어.

만날 늦잠만 자고 뒹굴뒹굴 뒹구는 것만 좋아하던 사람이 마음을 다잡고 규칙적인 생활을 하게 됐을 때, 우리는 '새롭게 태어났다.'고 말해요. 그러니까 새롭게 태어난다는 것은 내 안의 부족한 점을 채우고 잘못된 것을 바로잡는 것이라고 할 수 있어요.
세상의 모든 것이 삶과 죽음을 반복해야 돌아가듯이, 나 자신의 소중한 삶을 위해서는 스스로를 끊임없이 새롭게 태어나게 하는 것이 필요해요.
내 자신을 들여다볼까요? 내 안에서 새롭게 태어났으면 하는 건 무엇인가요?

퀴즈?

파괴와 창조는 동전의 앞뒤처럼 한몸이라고 할 수 있어요.
왜냐고요? 문제를 풀면서 생각해 보세요.

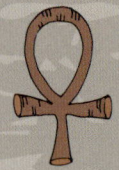

① 인도 신화에 나오는 파괴의 신이자 창조의 신은 누구일까요?

....

② 삶과 죽음을 동전의 앞·뒷면과 같다고 말하는 까닭은 무엇인가요?

....

③ 중국 하니족 사람들은 왜 죽음을 신의 축복이라고 여기게 됐나요?

....

정답과 해설

① 시바예요. ② 죽음이 있는 곳에는 늘 삶이 있고, 삶이 있는 곳에 죽음이 있다. 마찬가지로 창조와 파괴, 행복과 불행은 모두 동떨어질 수 없고, 생명이 있는 것은 모두 죽음을 맞이해요. ③ 삶이 죽음보다 나은 것이 없기 때문이에요. 사람은 살면서 괴로움과 슬픔을 피할 수 없고, 그것들로부터 벗어날 수 있는 방법 또한 죽음뿐이라고 여겼어요.

뇌사자 뇌 전체가 복구할 수 없는 손상을 입어 기능이 완전히 정지된 상태의 사람이에요. 심장은 뛰지만 호흡을 담당하는 뇌가 기능을 하지 못하기 때문에 인공호흡기 없이는 생명을 유지할 수 없어요. 환자가 의식이 있을 때 질병관리본부 장기이식관리센터, 보건소, 운전면허시험장 등에 장기 기증 의사를 밝혔다면 그에 따라 절차를 진행하는 것이 원칙이에요. 그렇지 않을 경우에는 뇌사 판정이 나온 뒤에 보호자가 환자의 장기를 기증할지 말지 여부를 결정하기도 해요.

식물인간 인간의 뇌는 여러 부분으로 나뉘어 있고 각각 담당하는 기능이 달라요. 식물인간은 대뇌의 손상으로 의식과 운동 기능은 상실되었으나 호흡과 소화, 흡수, 순환 등의 기능은 유지하고 있는 상태를 말해요. 수개월에서 수년 뒤에 뇌가 기능을 회복하기도 해요.

뇌사자와 식물인간의 차이점

구분	뇌사자	식물인간
손상 부위	뇌간을 포함한 뇌 전체	대뇌의 일부
호흡	인공호흡기 없이는 불가	스스로 호흡 가능
기능 장애	심장박동 외 모든 기능 정지	기억, 사고 등 대뇌 장애
운동 능력	전혀 없음.	목적 없는 약간의 움직임이 있음.
경과	심정지로 사망	수개월 또는 수년 후 회복 가능성 있음.
장기 기증	가능	불가능

삶과 죽음에 대한 명언

산다는 것은 호흡하는 것이 아니라 행동하는 일이다. **장 자크 루소**

참다운 인생을 사는 비결은 자기 자신을 속이지 않는 것이다. **오스카 와일드**

오래 살기 위해서가 아니라 옳게 살기 위해 노력해야 한다. **세네카**

명예로운 죽음은 불명예스러운 삶보다 낫다. **소크라테스**

삶은 죽음으로 완성된다. **로버트 브라우닝**

너무 자주 뒤돌아보는 자는 크게 이루지 못한다. **프리드리히 실러**

성공이란 열정을 잃지 않고 실패를 거듭할 수 있는 능력이다. **윈스턴 처칠**

죽음이란 노고와 고통으로부터의 휴식이다. **키케로**

내가 헛되이 보낸 오늘 하루는 어제 죽어 간 이들이 그토록 바라던 하루이다.
소포클레스

세월은 피부를 주름지게 하고 열정을 포기하는 것은 영혼을 주름지게 한다.
사무엘 울만

보람있게 보낸 하루가 편안한 잠을 가져다주듯이 값지게 산 인생이 편안한 죽음을 가져다준다. **레오나르도 다빈치**

문제는 어떻게 죽느냐가 아니라 어떻게 사느냐이다. 죽음 자체는 중요하지 않다. 죽음은 한순간의 일일 뿐이다. **제임스 보즈웰**

신나는 토론을 위한 맞춤 가이드

삶과 죽음에 관한 이야기, 재미있게 읽었나요? 책을 덮지 말고 잠깐 기다려 보세요. 마지막 단계인 토론이 남았어요. 토론을 잘하려면 올바른 지식과 다양한 정보가 바탕이 되어야 해요. 책을 다 읽고 친구 또는 부모님과 함께 신나게 토론해 봐요!

잠깐! 토론과 토의는 뭐가 다르지?

토론과 토의는 모두 어떤 문제를 해결하기 위해 의견을 나누는 일입니다. 하지만 주제와 형식이 조금씩 달라요. 토의는 여러 사람의 다양한 의견을 한데 모아 협동하는 일이, 토론은 논리적인 근거로 상대방을 설득하는 일이 중요합니다. 토의는 누군가를 설득하거나 이겨야 하는 것이 아니기 때문에 서로 협력해서 생각의 폭을 넓히고 좋은 결정을 내릴 때 필요해요. 반면 토론은 한 문제를 놓고 찬성과 반대로 나뉘어 서로 대립하는 과정을 거치지요.
넓은 의미에서 토론은 토의까지 포함하는 경우가 많습니다. 토론과 토의 모두 논리적으로 생각 체계를 세우고, 사고력과 창의성을 높이는 데 도움을 준답니다.

토론의 올바른 자세

말하는 사람
1. 자신의 말이 잘 전달되도록 또박또박 말해요.
2. 바닥이나 책상을 보지 말고 앞을 보고 말해요.
3. 상대방이 자신의 주장과 달라도 존중해 주어요.
4. 주어진 시간에만 말을 해요.
5. 할 말을 미리 간단히 적어 두면 좋아요.

듣는 사람
1. 상대방에게 집중하면서 어떤 말을 하는지 열심히 들어요.
2. 비스듬히 앉지 말고 단정한 자세를 해요.
3. 상대방이 말하는 중간에 끼어들지 않아요.
4. 다른 사람과 떠들거나 딴짓을 하지 않아요.
5. 상대방의 말을 적으며 자기 생각과 비교해 봐요.

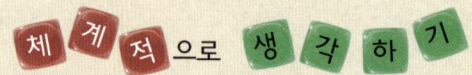

죽었다가 살아나다

의학 기술이 발달하지 않았던 시절에는 숨이 멈추면 죽었다고 판단했어요. 그런데 간혹 저절로 다시 숨이 돌아오는 사람이 있었고, 사람들은 그 사람이 죽었다 살아났다고 생각했어요.

그중 몇몇 사람들은 자신들이 본 죽음의 세계를 알려 줬어요. 대개는 영혼이 몸에서 빠져나오던 순간을 증언했는데, 죽었다고 생각한 순간 자신의 영혼이 몸에서 빠져나와 자신과 주변 사람들의 모습을 볼 수 있다는 것이었어요. 그리고 얼마 후 다시 깨어나게 됐고요.

고대 그리스의 철학자인 플라톤이 쓴 『국가』라는 책에도 죽었다 살아 돌아온 '에르'라는 사람 이야기가 있어요. 에르는 전쟁에서 용감하게 싸우다 죽었어요. 다행히 그의 시신은 멀쩡한 상태로 거두어졌어요. 사람들은 장례를 치르려고 거대한 장작더미를 쌓고 그 위에 에르의 시신을 올려놓았어요. 그런데 장작더미에 불을 붙이기 직전에 갑자기 에르가 살아났어요. 그리고 자신의 영혼이 육체에서 벗어나 신비로운 곳, 즉 저승에 갔던 경험을 이야기하기 시작했어요. 저승에는 땅 쪽과 하늘 쪽으로 넓은 구멍이 각각 두 개씩 있고, 그 가운데에는 심판관이 앉아서 정의로운 자의 영혼은 오른쪽 하늘로 난 구멍을 통해 윗길로 올라가게 하고, 정의롭지 못한 자들의 영혼은 왼쪽 아랫길로 내려가게 했대요. 아랫길로 길을 떠나면 돌아오는 데 천 년이 걸리는데, 여행을 끝내면 영혼들은 다시 육체를 입고 환생을 할 수 있대요. 사람으로 태어난다는 보장은 없지만요.

죽었다 살아난 사람들이 말하는 저승의 모습에서 엿볼 수 있는, 죽음 이후의 세상에 대해 말해 보세요.

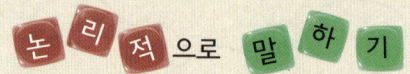

죽은 사람이 저승에서 살아 돌아올 수 있을까?

살아 있는 사람이 저승에 갔다 온 이야기도 있어요. 이자나기와 이자나미는 일본 창조 신화 속에 나오는 부부예요. 그런데 부인 이자나미가 죽자 남편 이자나기는 지하에 있는 저승 세계로 가서 부인 이자나미에게 돌아와 달라고 애원했어요. 마음이 흔들린 이자나미는 지하 세계의 신들과 의논을 하겠다며 그동안 '절대 안으로 들어와 내 모습을 보면 안 된다.'고 당부했지요. 하지만 밖에서 기다리던 이자나기는 참지 못하고 불을 밝혀 들고 안으로 들어갔어요. 그리고 심하게 부패된 이자나미의 모습을 보고 말았어요. 겁이 난 이자나기는 도망치기 시작했고, 약속을 어긴 이자나기 때문에 화가 난 이자나미는 이자나기를 뒤쫓아 갔어요. 하지만 먼저 지하 세계 밖으로 빠져나간 이나자기는 커다란 바위로 지하 세계 입구를 막아 버렸지요. 결국 이자나기는 이자나미를 데리고 오지 못한 거예요.

그리스 신화에도 비슷한 이야기가 있어요. 오르페우스는 부인인 에우리디케가 뱀에게 물려 죽자 에우리디케를 찾아 저승 세계로 갔어요. 오르페우스의 애타는 노래는 저승의 신인 하데스의 마음을 흔들었고, 하데스는 에우리디케를 데려가라고 허락했어요. 하지만 이자나기와 마찬가지로 오르페우스에게도 금기가 있었어요. '저승을 벗어나기 전까지는 절대 뒤를 돌아보지 말라.'는 것이었지요. 그러나 오르페우스는 에우리디케가 잘 따라오고 있는지 너무 궁금한 나머지 뒤를 돌아보고 말았어요. 그 순간 에우리디케는 그대로 다시 저승 세계로 빨려 들어가 버렸어요.

두 이야기 모두 죽은 사람을 저승에서 구해 오는 데에 실패해요. 금기를 어겼거든요. 이자나기는 '절대 안으로 들어와 내 모습을 보지 말라.'는 금기를, 오르페우스는 '저승을 벗어나기 전까지는 절대 뒤를 돌아보지 말라.'는 금기를 어겼어요. 옛사람들은 이런 이야기를 통해 무슨 말을 하고 싶었던 걸까요?

인생 그래프 그리기

죽음이 없다면 우리는 인생을 되돌아볼 일도 없을 거예요. 다시 말하면 죽음이 있기에 살아 있는 시간을 알차게 지내고 싶다는 생각을 하게 되는 것일지도 몰라요.

여러분은 어떻게 살아왔나요? 지금의 나는 지금까지 살아온 나의 결과물이에요. 나의 인생에 영향을 크게 미친 일들을 생각해 보고 미래의 나를 상상해 보세요.

1. 지금까지 내 삶에 영향을 준 사건들을 적어 보세요.

2. 미래의 나를 생각해 보세요. 몇 살에 나는 무엇을 하고 있을까요?

예시 답안

체계적으로 생각하기

일반적으로 빛은 위에서 오고 어둠은 아래로 깔린다고들 표현한다. 빛은 희망과 즐거움을, 어둠은 고난과 역경을 상징한다는 점을 감안하면 하늘 위로 올라간 영혼은 이승에서 착하게 살았을 것이며, 저승에서는 안락한 시간이 펼쳐질 것이라고 추측할 수 있다. 반면 아랫길로 내려간 영혼은 어둡고 축축한 곳에서 무려 천 년이라는 세월을 견뎌야 하는 데다 짐승으로 태어날 수도 있다. 죽음 이후의 세상은 이승에서 어떻게 살았느냐에 따라 달라지는 것 같다.

논리적으로 생각하기

죽은 사람은 결코 살아 돌아오지 못한다는 사실을 이야기하고 있다. 그러니 아무리 죽은 사람이 그립더라도 죽은 사람을 보기 위해 애쓰기보다는 그들과 함께했던 시간을 기억해야 한다는 의미이다.